これ一冊
で安心

実習

保育所実習・施設実習・幼稚園実習・介護等体験
に役立つ

ガイド
ブック

齋藤政子・石田健太郎・西垣美穂子・井上宏子 編著

新読書社

はじめに―本書の特徴と使い方―

　本書はこれから保育所実習、施設実習、幼稚園実習、介護等体験に行く学生の皆さんが実習や体験の事前・事中・事後に何をどのように学んでいけばいいのかを、より鮮明に具体的にイメージできるよう書かれたものです。第1部実習前の学習、第2部の学習、第3部の学習の3部構成で、それぞれの部は読者の段階に合わせて使用できるように作成しています（以下、実習には介護等体験を含めて記述）。

　実習期間や実習形態は学んでいる養成校、実習先によって違いますが、そこでの目的や学びの方法は変わりません。何を学ぶのか、振り返って今後の課題は何か等、意義ある実習や体験とする上で核となる知識は事前に調べ、理解しておく必要があります。また、実際の現場に向かう上での姿勢や心構えを身に付けておくことは、みなさんを受入れてくださる子どもや利用者、教職員への責務として当然のことでしょう。限られた期間の中で、充実した学びとなるように事前学習・実習中の学習・事後学習に取り組んでいきましょう。

　本書は、実習中の学びである「日誌の書き方」と「指導案の書き方」に重点を置いて構成されています。実習生にとって、子どもや利用者との関わりもそうですが、日誌の作成は最も苦労する学びの一つなのではないでしょうか。そのため第3章はただ書き方をレクチャーするということではなくトピック別で構成しています。見開きページで具体的な日誌の内容を示しながら、トピックの視点を生かした書き方を工夫しましょう。その際大事なことは次の二つです。

◆**コピー＆ペーストはやめてください。**
　あくまでも実際にあなたが観察した内容にそって書き、似たような観察事例を分析する際の参考にしてください。ひとつとして同じ日誌はありません。
◆**解説などを参考に学習を発展させてください。**
　養成校で学んだ内容も踏まえつつ視野を広げて、自己学習を進めてください。

　保育・教育・福祉には実践の正解があるわけではありません。実習や介護等体験も同じです。園・学校・施設の子どもたちや利用者、先生方・指導員の方々など様々な人たちとの関わりの中に多くの学びがあり、その学びの道筋は個々の実習生によっても違います。自分なりの学びを大事にして充実した実習や介護等体験ができることを期待します。

これ一冊で安心　実習ガイドブック
―保育所実習・施設実習・幼稚園実習・介護等体験に役立つ―

もくじ

実習中の学習

実習後の学習

考える実習

「絵本というのは、ぱらぱら見ておしまい、というものではなく、ああでもない、こうでもないと何度も繰り返し見て、たのしむような本でありたい」（安野，2018，p 3 ）

実習をたのしむ

　文字のない絵本『ふしぎなえ』で知られる画家の安野光雅は絵本についてこのように述べています。保育士や初等教育免許状（幼稚園・小学校）をはじめとする、さまざまな専門資格や免許取得の際に必要となる〈実習〉とそこで作成される〈実習記録〉も、絵本と同じように何度も繰り返し楽しみたいものです。

　実習や実習記録の作成が、ぱっと見聞きしたことだけであったり、わかりやすい〈正解〉を教えてもらって写し取ったりすることを目的とした場合、そうした実習は偶然に左右されるものとなるでしょう。今まで知らなかったものごとを知ったり、すぐに役立つ技術を身につけたりすることができた喜びを感じる幸運な実習生もいれば、「何のための実習だったのだろう」という疑問や不満を抱えながら「実習はあと○日で終わる、だから頑張ろう」とか「せっかく半分まで耐えたのだから、何とか乗り切ろう」という実習生も多くいることでしょう。よい指導者との出会いや優しい子どもとの出会い（実習生に気をつかってくれる）、楽しく和気あいあいとした恵まれた実習環境がすべての実習生にとって用意されていれば、そうした偶然に左右されることも減るかもしれません。

　実習や実習記録を書くことが、偶然に左右される経験ではなく、実りある豊かな経験となるためには、安野が絵本について語ったように、実習中も、そして実習が終わってからも、何度も何度でも繰り返しそこで出会った子どもたちや保育者・教師の〈姿〉、保育室や教室・福祉施設といった〈場〉を想い起こし、味わうことが必要です。そして、その〈場〉に行ってみたことではじめて出会えた実際の〈姿〉について、「自分で考える」ことが、重要です。

　「自分で考える」と一口に言われても何をどうしたらよいかわからないし、とても難しいことを課されたように思うかもしれません。しかし、たとえば「どうして子どもは、笑顔をわたしに向けてくれるのだろう」とか「どうやってやり方を教えたらいいかわからない」、「別の子にうまくいった教え方が、どうしてうまくいかないんだろう」といった目の前のことを考えるだけでも、実はたいしたことなのです。

　子どもや大人、当事者のいつも通りの日常に初めてその場を訪れるあなたが向き合い寄り添うためにどうしたらよいか「自分で考える」こと、それ自体が子どもたちの成長や発達を支え導く、保育や教育・福祉といった実践への参与となり、多くの学びをえる機会と

なるでしょう。

見ること・書くこと―専門的に学ぶこと

　１週間や２週間あるいは４週間の現場における実習・体験は、保育職や教職といった専門的な資格・免許取得のために必須の経験となっていますが、単に保育や教育・福祉のしごとにたずさわるだけであれば、こうした実習経験は、必ずしも必要ではありません。

　実際、現場には無資格・無免許であるけれども、とても重要なしごとをしている人々が、多くいます。子育て中の女性や子どもを育て終えた男性が、じぶん自身の育児や人生の経験を生かして働いていたり、専門的な資格・免許を今まさに習得しようと志して現場に飛び込んだ人（あなた自身）も働いていたりします。保育や教育・福祉は、何か狭い外の世界とは違った特殊な世界の中で起こっていることではなく、とても多くの人びとと広い世界の中でつながる（たとえば近隣に住む人たちや地域の人びとに囲まれ）ことで、展開されているできごとといえます。

　では、保育や教育・福祉のしごとは子どもを育てた経験や熱意さえあれば、誰にでもできる簡単なしごとなのでしょうか。もしかしたら、一人ひとりの子どもたちにとってはその通りであって、経験や熱意のある大人のかかわりの方が、専門職のかかわりよりも必要であったり重要であったりするのかもしれません。こうなると大学や専門学校といった特別な場で何年間も専門的に学ぶことそれ自体、本当に必要なのか考える必要が出てきそうです。いったい教育学や保育学、心理学、社会学、社会福祉学などの人文・社会科学あるいは生物学や物理学、化学などの自然科学といった専門科目の学びをすることには、どういった意味があるのでしょうか。

　さしあたってここでの回答は、自分自身の経験にもとづいて「自分なりに考える」こと、つまり自分自身をレファレンスすることから〈距離〉を持たせてくれる点にある、というものです。いま、わたしたちの目の前にいる子どもたち一人ひとりについて、あるいは、今まさに目の前で起こっていることについて「自分で考える」ことのヒントを専門的な学びは、与えてくれるのです。

　集団から離れて一人ぽつんといる子どもを見て、あなたはどのように考えるでしょうか。また、両親が離婚した子どもが登園してきた時、あなたはどのような言葉かけをするでしょうか。さみしいとか一人のけものにされているといったことを考える人もいれば、じっくりと集中してダンゴムシを研究しているんだとかどうやったら隣のクラスの子に勝てるんだろうと悩んでいるのではといったことを考える人もいるでしょう。また、これから名前をなんと呼べばいいだろうと考えこんでしまい言葉をかけられない人もいるだろうし、悩むよりいつも通り接した方がよいと考える人もいるでしょう。

　ここで書いたようなＱ and Ａは、その人や場のおかれた状況・特徴によって適切なかかわり方や理解の仕方が変わっていくものであって、模範解答をひとつ用意しておいたとしても、実際には上手くいくものではありません。私たちが実際に経験する、その時その場において毎回、一つずつ丁寧に適切な理解や方法をあれこれ思案しながら、やってみることしかできないものです。

それでは、やはり専門的な学びをする必要などないのではないかと思いがちですが、そうではありません。専門的な学びは、〈いま—ここ〉において生起している現象や関係についての〈傾向〉を私たちに教えてくれることで「見るコツ」を用意してくれるし、仲間や同僚たちと「一緒に考える」ことの土台（言葉や知識といった専門家の持つ文化の共有）を用意してくれます。

　わたしたちが、何かを理解しようとためしてみることは、じぶん自身の経験の枠の中、つまり、それまでにその人がどのようなひと・もの・ことに取り囲まれながら、どのように生きてきたのかに、依っています。それを跳びこえ、想像する力を専門的な学びは、わたしたちに与えてくれるのです。

数えること・比べること—子ども理解のメソドロジー

　子どもの発達について、定型—非定型といった理解や典型的な発達とユニークな発達といった理解の仕方が、これまで心理学的な知見として数多く蓄積されてきています。0歳であればこうした特徴があるとか、小学校1年生であればこんなことができている頃といった〈見立て〉を行うことができるのは、専門職として必要な力のように思います。実際、多くの子どもたちができることを、自分自身の子どもがいつまでもできなかったとしたら、親としてはとても心配でいてもたってもいられないでしょうし、保育・教育といった教え育てることをしごとにしているものならば、「できるようにしてあげたい」と思うことは当然のことでしょう。

　この時、専門的な学びをしてきたわたしたちは、実はじぶんたちの持つ専門性の枠の中で考え、子どもたちを「できるようにする」ための、はたらきかけを行っています。保育・教育・福祉にたずさわっている場合、人の行動や発達に関する科学的な知見や社会資源に関する知識を総動員しながら、一人ひとりの子どもや生きづらさをもった当事者その人のパーソナリティの発展可能性へ信頼を寄せつつ、表面化している問題やなし遂げたい課題の解決を試みようとするでしょう（こうした専門性の発揮は、勘や経験、度胸として行われるものではなく、エビデンス・ベースドで行われます）。

　ところで、ここで注意しておきたい点として、専門的な知見に基づく見立ての結果について私たちは、「良い悪いという判断を行っているのではない」ということを挙げておきましょう。状態を見立て（diagnosis）ることと、その結果どのように対応するのか（praxis）は、水準のまったく異なることだからです。

　まず、見立ての結果をふまえどのように対応しているのかということは、大人の社会が子どもにどのように育って欲しいと願うのか（理念や目標）によって、大きく変化します。何をどの程度まで知っていてどれくらいできるようになっていればよいのか（知識・技能）、知っていること・できることをいつどのように使うことができるのか（思考力・判断力・表現力）、そしてじぶん自身をとりまく環境の中でいかによりよくある（well-being）のか（情意・態度にかかわる学びに向かう力、人間性）。これら三つのめあては、大人社会そのものの伝統や成熟の度合いそのものによっても異なるし、いつも右へ左へと揺れ動いているものでしょう。

　子どもたちを見立てる方法は、一人ひとりがユニークさを持つものでありながら、数えたり比べたりしながら分けてみるためのモノサシであると喩えることができます。人をどのように測ったらよいのか、専門的なそれぞれの学問は、この課題に取り組むいろいろなモノサシであり、人の総体をより深く理解し、うまく整序するための方法であるということができるでしょう。複雑なものを部分的にわかりやすくしてみることで、あらゆる可能性を「自分で考える」ための手がかりにしているのです。〈標準〉を知ることは、いま問題となっているひと・もの・ことが、どれだけ〈標準〉と違っているのかを見るためであるし、全体の散らばり方、つまりどれくらい多様性のある社会であるかを、事細やかに書きとるための方法のひとつなのです。

クイズとパズル―〈知識〉をもちいるということ

　しばしば実習は、理論と実践の統合の場であると言われます。けれども、それは大学や専門学校の教室の中で学んだことを保育所や幼稚園、小学校、福祉施設といった場で、子どもたちや保育者・教師の姿を見ることで確認したり、実験してみたりすることとは少し違っています。

　実習の中で赤ちゃんが自分の目の前で目と手の協応動作をしていることを見たり、自閉症の特徴をもつ子どもが実際に構造化によって円滑に行動している様を見たりといった体験は、感動や驚きとともに自分の学んだ知識が、活き活きとした輪郭のある実体験をともなった、とてもたしかな知識であるという満足感を与えてくれるでしょう。けれども、それは理論と実践を統合しているのではなく、単に大学で教えてもらったクイズの答えを現場で確認しているだけであったり、自分の知っているクイズの問題を探して回っているだけであったりしているにすぎません。

　そうではなく、パズルを解いていくように、やってみて失敗してみたり、上手く成功したりといったことを繰り返しながら〈いま―ここ〉について「自分で考える」こと、そして仲間や同僚と「一緒に考える」ことをつづけていくという点において、理論と実践が統合されつづけている場として、実習が位置づけられるのです。理論と実践は、それぞれこれからもずっと変化していくし、検証の結果、修正されもしていきます。このことは、普遍的な法則の発見という科学や理論的営みと決して矛盾するものではありません。

　大学で学んだことは現場では通用しないことが多かったり、実習や実習記録を書くことがまったく役に立たず無駄だったと感じることもあるでしょう。もし、あなたが実習中や実習後にそのように感じたなら、それは、クイズの問題を解くことに一生懸命であったのであり、パズルを解いてみるように試行錯誤していなかったということです。もちろんクイズはパズルとは違ったたのしみのあるもので、知識を蓄えることはより深く子どもを理解するための多くのモノサシをもつ、とても大切なことです。けれども、パズルを解くたのしみは、これまで蓄えてきた学びのピースを総動員してあれこれ試してみることで、ひとつひとつのピースを断片的に見るだけではけっして見ることができなかった姿が浮き上がって見えてくるような、そんなたぐいの〈発見〉ができることにあります。

　こうしたたのしみの違いを理解し実習に臨んだり、振り返ってみたりしていると、実習

そのものの経験の仕方も、記録の作成の仕方も変わってくるのではないでしょうか。何の変化も力も感じられなかった平板な今日の一日が、微かではあるけれど変化しつづけ力に溢れていることを気づくことで、目の前の〈姿〉や〈場〉が、彩り豊かで立体的に見えてくるように。

行ったり来たりする─見ることと見られること

　実習の初日は、多くの場合、知っている人の誰もいないはじめての場所に臨むことで緊張しているため、いつもの自分とは違ったどこか不自然さを感じながら、自分の居場所を探すことになるでしょう。いろいろな専門科目を学んではきたけれど、それはあくまでも言葉や文字、写真や映像の中の向こう側の出来事であって、ホントウノゲンバを知っているわけではありません。実習生は、そんな不安や自信のなさを抱えながら、少しでも子どもたちや福祉の現場について「とにかく見て、感じとってこよう」とか「まずは知ることが大事」と時期が来ると、現場に出ていくことになります。

　実習生たちは、〈観察〉と〈参加〉とそれを通した子ども理解や人間理解といったとてもおおきな課題を持って現場に向かいます。けれども、実際は自分たちが見られる側であることに、意識するしないにかかわらず気づきます。どうふるまうのか何を見ているのか、出会って受け入れてもらえるかというように、見られていることに気づき、その場で空いているポジションを探し、演じることになるでしょう。実習は、透明な存在として見ることからではなく、見られることからはじまるのです。

　実習がはじまってすぐの時期は、目に入ることすべてに新しさがあり、見ることそれ自体も用意されていることが多いでしょう。たとえば、教室空間はじぶんが子どもだった頃と同じように見えて、新しい機材や目線が変わったことで違って見えるでしょうし、はじめて足を踏み入れる福祉施設の現場は、まったくの異邦人として見ることができます。建物の構造やものの配置といった物理的な環境構成を見ることや、一人ひとりの子ども・職員の姿を見てその特徴を忘れないように（まずは名前を覚えようと）必死でしょう。どのような役割を持っているのか、どんな機能を果たしているのか、子どもの頃に慣れ親しんだはずの世界ですら、まったく新しい別の世界として見ることに精一杯のはずです。

　実習を楽しむこと、それは子どもや障害のある当事者、高齢者、それを取巻く保育者や教職員とまず出会い実際にふれあい、つぎに感じたこと気づいたことを文字として書き起こし、〈いま─ここ〉の場で起こった出来事について教育学や保育学、福祉学、心理学といった様々な専門分野に関する知識のストックとの相違を比較し距離をはかることで、自らの理解やかかわりの軌道を修正しながら再びかかわってみるという、プロセス（過程）そのものです。もし辛いと感じるなら、なぜ辛いと感じるのか、それすらも楽しむ姿勢をもって実習と実習記録の作成に取り組んでみてください。きっと多くの学びをそこから得ることができるでしょう。

実習の目的を理解する

第1節　保育所実習の目的と内容

1．保育所とは

（1）保育所の法的根拠

　保育所は保護者が仕事や病気、介護などの理由で保育を必要とする場合、乳幼児を預かる児童福祉施設であると同時に就学前の子どものための幼児教育施設でもあります。児童福祉法第39条に「保育所は、保育を必要とする乳児・幼児を日々保護者の下から通わせて保育を行うことを目的とする施設である」と規定されています。そして保育所で働く専門職である保育士は、児童福祉法第18条の４に「登録を受け、保育士の名称を用いて、専門的知識及び技術をもつて、児童の保育及び児童の保護者に対する保育に関する指導を行うことを業とする者をいう」と定められています。

　保育所の保育内容は児童福祉施設最低基準第34条では、「保育所における保育時間は、一日につき八時間を原則とし、その地方における乳幼児の保護者の労働時間その他家庭の状況等を考慮して、保育所の長がこれを定める」としています。また同第35条でも「保育所における保育は、養護及び教育を一体的に行うことをその特性とし、その内容については、厚生労働大臣が定める指針に従う」とし、それを達成する基準として「保育所保育指針」を定めています。

　その2017（平成29）年３月に告示され翌年４月から施行されている保育所保育指針第１章総則では、保育所の役割として「その健全な心身の発達を図ることを目的とする児童福祉施設であり、入所する子どもの最善の利益を考慮し、その福祉を積極的に増進することに最もふさわしい生活の場でなければならない」と定めています。さらに保育所保育指針では、子どもの状況や発達過程を踏まえて、環境を通し養護及び教育を一体的に行うことや、家庭や地域の様々な社会資源と連携しながら、入所児だけではなく地域の子育て家庭に対する支援を行う機関として位置づけています。

　また、保育所の目標、保育の方法、保育の環境、保育所の社会的責任について第１章総則に明記されていますので、確認しておきましょう。

さらに第1章総則4で「幼児教育を行う施設として共有すべき事項」が明記され、保育所が日本の幼児教育施設として法的に位置付けられることとなりました。小学校以降の子どもたちの生きる力を育むために、乳児期の保育、幼児期への学びの連続性を考えていくことが求められています。

　そしてその役割を担う保育士は、生涯の人格形成の土台となる乳幼児期の子どもたちと保護者も含めて人間と直接関わり、次の世代の担い手を育成しています。特に昨今では、児童虐待、子育て不安、貧困問題、待機児童問題といった社会問題や生活問題への対応も求められています。また就学前の子どもたちに対する保育、教育は、私たちの一生の人格形成の基礎を培う大切な時期としても注目されており、保育士は質の高い保育実践の担い手としても期待されています。

2. 保育士資格と保育所実習

「保育実習」は保育士資格を取得するための必須条件の科目であり、保育所で行われる実習（以下、保育所実習）児童福祉施設で行う実習（以下、施設実習）があります。保育所実習1は保育士資格を取得するにあたり、保育所で約2週間の実習を行うことが定められています。なお、保育所実習2、施設実習2のどちらか一方を選択して履修することが必要です。保育所実習は養成校で学ぶ講義とは異なり、保育所に実際に赴き、保育所で子どもたちが生活する姿（子ども理解）、保育士の役割（専門職理解）、保育所の役割（施設理解）について学びます。保育実習の目的は、「指定保育士養成施設の指定及び運営の基準」（平成27年3月31日、厚生労働省）で次のように定めています。

> 第1　保育実習は、その習得した教科全体の知識、技能を基礎とし、これら総合的に実践する応用能力を養うため、児童に対する理解を通じて保育の理論と実践の関係について習熟させることを目的とする。

　保育実習に臨む前に、様々な教科（社会福祉、保育学、保育者論等）から保育の理論、専門職や施設の役割、保育の技能について学びます。これまで学んだ知識・技能を実際に照らし合わせたり、検証したり、自分なりに応用したりしながら実習を行います。これは座学もしくは実習のどちらか一方を行うことで、保育を理解できるのではなく、両方を行き来しながら子どもの発達する姿、保育者の支援、保育所での生活について学ぶことを重要と捉えているからです。「保育実習指導のミニマムスタンダード Ver.2」（2018年度版）では、「実習の事前指導、実習の諸段階、実習指導、事後指導なくして有効にその往還性の機能を発揮することは難しい。それが機能しているとき、（中略）子ども理解と支援、保護者理解と支援を深める多様な機会を持つことができ、実習体験の積み重ねによって、保育や支援にあたっての個別的、総合的な予測、判断、決断と実行、責任の自覚、自己評価の意義を把握し、保育士としての成長の実感を伴う経験を持つことができるであろう」としています[1]。これは単に保育士として必要な知識や技能の習得だけではなく、実習に

行くことで子どもを保育する責任や自覚についても養うために必要な経験であることを表しています。

（1）保育所実習の対象となる実習施設（保育実習実施基準[2]より）

保育所実習における実習施設先として、保育所以外に認定こども園があります。認定こども園は教育・保育を一体的に行う施設として2006年に誕生し、就学前の子どもに関する教育、保育等の総合的な提供の推進に関する法律に規定された施設で現在、4類型があります。

その他、利用定員が6人以上19人以下の小規模保育事業（A型・B型）や、事業主または事業主団体が雇用している労働者の子どもを保育するために、自ら設置（委託を受けて）実施する事業所内保育事業もあります。

ただし、「指導能力が充実している施設」、「乳児保育、障害児保育及び一時保育等の多様な保育サービスを実施しているところで総合的な実習を行うことができる」施設から選定する必要が在るとされています。

（2）保育所実習の実習課題

保育所実習1は、「保育所の生活に参加し、子ども理解を深めるとともに、保育所の機能と保育士の職務について学ぶ」であり、具体的には、下記の実習課題を挙げることができます。

テーマ	内　容
保育所の役割	保育所の1日の生活の流れを知る。 保育所保育指針の理解と保育の展開
子ども理解	子どもの観察とその記録による理解 子どもの発達過程の理解 子どもへの援助やかかわり
保育内容・保育環境	保育の計画に基づく保育内容 子どもの発達過程に応じた保育内容 子どもの生活や遊びと保育環境 子どもの健康と安全
保育の計画、観察、記録	保育課程と指導計画の理解と活用 記録に基づく省察・自己評価
専門職としての保育士の役割と職業倫理	保育士の業務内容 職員間の役割分担や連携 保育士の役割と職業倫理

保育所実習1では、保育所の役割、子どもへの理解、保育士の役割や仕事を実際のを通

---

[1] 一般社団法人全国保育士養成協議会編集「第1部実習指導の理念とミニマムスタンダード策定の意義」『保育実習指導のミニマムスタンダード Ver.2』p.2，2018年7月1日発行
[2] 指定保育士養成施設の指定及び運営の基準について（平成30年4月27日改正）

して基礎を学びます。具体的には、保育所で過ごす子どもたちの生活の流れや様子を知ることや、子どもと保育士の関わりと援助を通して子どもの発達について学びます。さらに深めていくために、実習期間中に実習日誌を記録することを通して、自分自身の実践を省察していきます。

　保育所実習2についてもねらいと実習課題がそれぞれあります。特に保育所実習2は保育所実習1の後に行うことから、発展的な内容で行ないます。保育所実習1の「保育所の役割」を例にすると、1では子どもとの関わりの中で保育所の役割を理解することが求められますが、2では保育の基本的な原理と社会的な役割について実践を通して学びます[3]。

　さらに、保育所実習2の実習課題として、「1．保育所の保育を実際に実践し、専門職として必要な資質・能力・技能を習得する」、「2．家庭と地域の生活実態にふれて、保護者ニーズに対する理解力、判断力を養うとともに、子育てを支援するために必要とされる能力を養う」などを挙げることができるでしょう。

　具体的には、園で行われている早朝保育、延長保育、自由保育、異年齢保育といった様々な保育の形態や内容、子育て支援、保護者支援等の保育所や保育士の社会的な役割について理解することや、実習生自身が指導計画の立案し実際に実践、省察、評価することを通して保育について学ぶことが必要です。

(3) 実習実施期間中のどの時期に何を学ぶのかを明らかにする

　具体的な実習課題を設定したら、2週間の実習期間中のどの時期に何を学ぶのかを大まかでも良いので決めておくと、より充実した実習を行うことができるでしょう。実習する保育所によって、実習プログラム（配属されるクラス）が異なります（保育実習の配属クラスモデル）。実習先の子どもたちの様子や保育理念、配属される年齢で何を学ぶことができるのかを、実習事前オリエンテーションで実習担当者にきちんと確認し、実習課題を立案しましょう。

(4) 実習期間中の学びの4段階

　実習期間中は、観察・参加実習➡参加実習➡部分実習または責任実習➡事後指導の4段階を経て学びを展開していきます。事前に立案した実習課題をこの4段階を経ながら達成していくことになります。

---

[3] 一般社団法人全国保育士養成協議会編集「2　保育実習Ⅰ（保育所）と保育実習Ⅱの考え方」『保育実習指導のミニマムスタンダード Ver.2』p.96，2018年7月1日発行

学びの4段階		学びの内容
第1段階（初日～3日目）	観察・参加実習	保育者の保育方法と子どもの様子を観察しながら、関わる。
第2段階（4日目～終了）	参加実習	子どもと関わり、保育者の対応を学び、自分で実践する。
第3段階（2週目後半）	部分実習または責任実習	一日または特定の時間や活動の計画を立案し実践する。
第4段階	事後指導	実習先および大学で2週間の学びの内容を振り返る。

第2節：施設実習の目的と内容

1. 社会福祉施設とは

(1) 社会福祉施設の法的根拠

　社会福祉施設とは、老人・児童・障害の3つの領域を中心に低所得者の保護や婦人保護、母子・父子福祉など、<u>社会生活を営む上でさまざまな援助を必要としている人の固有の生を支えることを目的</u>とした施設のことで、福祉施設や施設と略されて呼ばれています。

　すべての福祉施設は、わたしたちに与えられた**基本的人権**（自由権・平等権・社会権）を保障する日本国憲法の理念を具現化するため制定される個別法にその根拠をおき、**社会福祉法第2条**に規定されるさまざまな社会福祉事業を提供しています。ここでは、保育士資格取得のために必要な「保育実習」における、いわゆる「施設実習」の対象として認められている福祉施設を中心に見ていくことにしましょう（あわせて、老人福祉施設については、介護等体験の項を参照し、学習するようにしましょう）。

(2) 施設実習の場

　保育実習における「施設実習」の対象となる福祉施設は、社会的養護にかかわる福祉施設と障害児・者の支援にかかわる福祉施設の2類型に大別することができます。対象となる施設の種別については、「指定保育士養成施設の指定及び運営の基準について」（参考資料として後掲）に規定されている「保育実習実施基準」で必ず確認するとともに、根拠法となる**児童福祉法**や**障害者総合支援法**（障害者の日常生活及び社会生活を総合的に支援する法律）の第何条にその施設が規定されているのか、また、その実施目的がどのように条文に規定されているのかを調べ学習を通して知るようにしましょう。

【福祉施設の種別・根拠法・実施の目的を調べてみよう！】

実習施設名・種別	根拠法	実施の目的
例）○○学園 児童養護施設	児童福祉法第41条	児童養護施設は……を養護し……相談その他の自立のための援助を行うことを目的とする

(3) 施設実習の内容

　対象となる福祉施設の種別や形態の違いによって、共通する点と相違する点がありますが、ここでは施設形態についてみていくことで実習内容について知ることにしましょう。実習の行われる福祉施設には、生活の場としての「**居住型施設（入所）**」と日中活動の場

としての「**通所型**施設」を基本形態として、一つの施設において複数の事業を**複合的に実施する場合**があります。

　居住型施設の例として、児童福祉法に規定される乳児院（法37条）や児童養護施設（法41条）について、みてみましょう。乳児院や児童養護施設は、なんらかの理由で家庭での養育が困難な乳幼児や18歳までの児童に安全・安心な生活環境やその成長・発達を支える養護の提供を、これまで行ってきました。このような役割や機能を提供してきた乳児院や児童養護施設も現在では、母子保健上の産前・産後ケアや特定妊産婦の支援、地域福祉としての子育て支援事業、児童相談所の実施する一時保護事業の受託、養子縁組や里親養育の支援といった様々な通所型の事業を実施するようになり、従来よりも求められる機能が**高機能化・多機能化**しています。

　そのため学生が実習の際に経験し学ぶ内容も、こうした福祉施設の機能の変化に応じ、①専門職としての保育士の役割や職業倫理の涵養、②支援計画や記録の作成と省察、③観察やかかわりを通した対象理解や生活環境の理解、といった共通した事項にとどまることなく、多岐にわたるようになっています。

【福祉施設が提供している事業を調べてみよう】

実習施設が実施 する事業について	例）○○学園・児童養護施設　併設して乳児院を運営 　　・△△市ショートステイ事業　・□□市ベビーケア事業　etc.

※公開されているホームページや自己評価・第三者評価を検索してみよう。また各種事業が、誰を対象としたどのような事業かも説明できるよう準備し、実習に臨もう。

2. 施設での実習・体験で何を学ぶか

(1) 養護・支援の基本を学ぶ

　社会福祉法第３条（福祉サービスの基本理念）では、それぞれの施設が提供する福祉サービスを「**個人の尊厳の保持**を旨とし、その内容は、福祉サービスの利用者が心身ともに健やかに育成され、又はその有する**能力に応じ自立した日常生活を営むこと**ができるように支援するものとして、良質かつ適切なものでなければならない」と規定されています。また、**社会福祉法第５条**（福祉サービスの提供の原則）には、「**利用者の意向を十分に尊重**」することが規定され、自立支援と利用者（生活者）本位が、支援の基本と考えられています。

　上記のような規定は、福祉や保育・教育といった専門家による実践が、しばしば「あなたのためだから」と過剰な介入や干渉、支援をしてしまう（こうしたかかわり方をパターナリズムとよびます）といった課題を抱えているため、定められたものです。まだ年齢が低いからとか、重度障害があるためコミュニケーションができないからといった理由でわ

たしたちは、子どもや障害当事者が本当はどうしたいと考えているのか、しっかりと確かめることもなくかかわってしまってはいないでしょうか（その一方、近年では利用者や子ども側から受ける暴力やハラスメントについて提供者側より問題提起されることもあります。わたしたちは、する側もされる側も知らず知らずのうちに他者に〈力〉を行使していることに、自覚的にならなくてはなりません）。

　本人の意思を問うことなく本人のためといって支援することに対して、わたしたちは自覚的・禁欲的になることが必要です。もちろん、子どもや障害当事者自身も権利を持っていること、そして他者の権利を侵害してはならないという大原則の上で、その権利が保障され行使できることについても学ばなければならず、この点を行政や支援者側が丁寧に伝えていくことも必要です。

　ここまでの本節下線部にある記載をふまえると福祉施設における実習で学生が学ぶべき養護や支援の基本とは、福祉を利用する当事者一人ひとりの尊厳ある生とその自己決定が、日常生活の中でどのようにして施設によって支えられているのか（**意思決定支援と日常生活支援**）を学ぶ点にあるということができるでしょう。

(2) 自分があたりまえにしていることを学ぶ

　ひと口に日常生活の中で一人ひとりの自己決定を支えていくことが実習の基本であるといっても、福祉施設に一度も行ったことのない学生にとって実際の様子を具体的に想像することは、とても難しいことでしょう。また、福祉の現場を知っている人であっても「尊厳のある生を支える」とか「最善の利益を保障する」といった場合に、いったいどのような生であれば尊厳があると言えるのか、また、いかに支援していれば最善の利益に適った支援であると言えるのかは、とても難しい問いであるでしょう。

　それは、わたしたち自身の生（生命・生活・生涯）が、十分に自己自覚的に営まれているというよりは、非常に多くの**情報や選択の機会**を無意識的あるいは慣習的に何気なく行うことで、あたりまえの日常を営んでいるからでしょう。しかし、福祉施設を利用する子どもや障害当事者にとっては、あたりまえで、些細なことに思われるようなことであっても、**一つずつ丁寧に考え時に立ち止まりながら決定・実行していくことが必要となること**が、多くあります。

　たとえば、ターミナル駅の大きなショップに買い物に行くためのルート検索をしたり、インターネットで最も安い値段を探したりする人はいても、商品を手にとるために腕をどれくらい持ち上げてどんな姿勢でいようかと真剣に考えている人や、なんとか自分が欲しいものを選んで「Hai!・chan！」ときちんと伝えたつもりだったのに「これが欲しいのね」とまったく違うものを渡され戸惑う人は、ひとりもいないのではないでしょうか（赤ちゃんの頃、みんな経験しているんですけどね）。

　強く大きな変化の中で、高速で密度の濃い刺激的な生活を過ごしている実習生にとって、施設で暮らす子どもや障害当事者の生活のリズムやベクトルは、とても弱く小さな変化であり、ゆっくりと淡く彩られた穏やかな生活に映るでしょう。この時、わたしたちは福祉の現場に臨む前に、感情や情動的側面における身体感覚を子どもや障害当事者のリズ

ムやベクトルに**波長を合わせ（tuning-in）**ることが大切です。事前の波長合わせを行うことで、はじめて単に傾聴したり共感的に理解したりするだけではなく、その人の生活をまるごと理解するような、思いに寄り添う支援のための準備が整うでしょう。

（3）問題の〈当事者〉になること─他人事ではなく、自分事として

　わたしたちは、多かれ少なかれ福祉施設で出会う子どもや障害当事者に対して**福祉の対象＝弱者**であるといった「思い込み」をもっているのではないでしょうか。もちろん児童票や個別支援計画票などを紐解けば想像を絶するほどの経験をしてきた子どもや差別され排除されつづけてきた障害当事者の〈姿〉に出会うこともあるでしょう。しかし福祉施設実習においては、そうした援助されるべき正当な理由がある「理想の弱者」として彼／彼女と出会うのではなく、一人の〈ひと〉として出会ってきてほしいものです（**個別化の原則**）。そこで出会ったひとりひとりの生は、家族や専門職、地域社会との間の関係のとりもち方によって、まったく異なる様相を見せることでしょう。家族の前では甘えていた子どもや障害当事者も、仲間の前では「自分のことは自分で」と、なんでもやり抜く力をもっていることを示そうとするでしょう。

　他者は、自分自身を映し出す鏡です。もし、子どもや障害当事者、教師や職員との関係がうまくいっていなかったり距離を感じているのであれば、それは、あなた自身が彼／彼女をかわいそうな他者であったり、自分とは異なったセカイの〈他者〉であると感じているからではないでしょうか。かわいそうで問題を抱えているのは、虐待や障害の当事者である彼／彼女なのではなく、彼／彼女を攻撃しダメージを与えざるをえない生を営む周囲の人びと、とりもなおさず、わたしたち自身なのです。

　わたしたちにできることは、救ったり、教え導くといった大層なことよりも、彼／彼女たちを理解できない他者として排除し、関係を結ぶことから逃げ出すのではなく、セカイに共に在る同じ人として関係をとり結び、排除しようとする社会との関係をとりもち続けようとする、ほんの小さなことなのです（**問題認識の変容と媒介し続けること**）。

第3節　幼稚園実習の目的と内容

1．幼稚園とは

（1）幼稚園の法的根拠

　幼稚園は子どもの最初の学校です。学校教育法第1条に「学校とは、幼稚園、小学校、中学校、義務教育学校、高等学校、中等教育学校、特別支援学校、大学及び高等専門学校とする」と明示されており、幼稚園は法令のなかで学校と位置付けられています。したがって他の学校と同じように、目的・目標・内容などは法令に基づいていることになります。学校教育法第22条では「幼稚園は、義務教育及びその後の教育の基礎を培うものとして、幼児を保育し、幼児の健やかな成長のために適当な環境を与えて、その心身の発達を助長することを目的とする」と定めており、第23条では「幼稚園における教育は、前条に規定する目的を実践するため、次に掲げる目標を達成するように行われるものとする」として五つの領域の目標を以下のように定めています。

1　健康、安全で幸福な生活のために必要な基本的な習慣を養い、身体諸機能の調和的発達を図ること。

2　集団生活を通じて、喜んでこれに参加する態度を養うとともに家族や身近な人への信頼感を深め、自主、自律及び協同の精神並びに規範意識の芽生えを養うこと。

3　身近な社会生活、生命及び自然に対する興味を養い、それらに対する正しい理解と態度及び思考力の芽生えを養うこと。

4　日常の会話や、絵本、童話等に親しむことを通じて、言葉の使い方を正しく導くとともに、相手の話を理解しようとする態度を養いこと。

5　音楽、身体による表現、造形等に親しむことを通じて、豊かな感性と表現力の芽生えを養うこと。

　そして、学校教育法に規定する目的及び目標を達成するため、幼児期の特性を踏まえ、環境を通して行うものであることを基本とする「幼稚園教育要領」を定めています。2018年4月から施行されている幼稚園教育要領はこれまでの幼児教育を否定し大きく変えるものではありませんが、保育所・認定こども園との関係で平成元年の改定以来の大きな改定になっています。その中でも大きなポイントとして、小学校以降とのつながりを踏まえて新たに「幼児期に育みたい資質・能力」の三つの柱と「幼児期の終わりまでに育ってほしい姿」10項目が示されたことが挙げられます。実習に臨む前に確認しておきましょう。
　「3つの柱」は新しい考え方ではなく、従来の5領域を通して育むことが可能と考えられるため、引き続き5領域の考え方は維持されます。一方「10の姿」は、5領域を通して育まれた資質・能力を、幼稚園修了時の具体的な姿で表したもので、教師が指導を行う際に

考慮する内容です。あくまでも、「こういう姿を目指してほしい」という方向性と捉えてください。なお、５領域とは、教育要領の第２章ねらい及び内容に示されている「健康・人間関係・環境・言葉・表現」のことで、各領域は単独で考えるのではなく、一つの活動の中で関連して考え、子どもの生活や発達を理解し指導に活かす視点となっています。

（2）幼稚園教育と保育の基本

　幼稚園の教育は、「幼稚園教育要領（日本全国どこでも一定の教育水準が保たれ、実質的な教育の機会均等を保障するために、国が学校教育法に基づいて定めている幼稚園教育に関する法令）」に基づいて行われています。しかし、幼稚園は義務教育ではなく、地方公共団体（市町村など）が設置している公立幼稚園、学校法人などが設置している私立幼稚園、国が設置している大学などの附属幼稚園などがあり、2019（令和元）年度の学校基本調査[注]では、私立幼稚園が64.93％とかなり高い割合を占めています。私立幼稚園は「建学の精神」にのっとりそれぞれ独自の「幼稚園の目的（教育理念・教育方針）」を掲げ、その保育内容、方法、形態、環境などによってかなり幅のある多様なものとなっています。実習先の幼稚園でも様々な保育内容や方法、形態の現場に出会うことでしょう。しかし、どのような保育内容や方法、形態をとっていたとしても、学校教育法及び幼稚園教育要領に基づき「環境を通して行う保育・教育」を基本としていることを忘れてはいけません。

　また幼稚園は、家庭での育ちを基盤にしながら「家庭では体験できない社会・文化・自然などに触れ，教師に支えられながら，幼児期なりの世界の豊かさに出会う場である（幼稚園教育要領解説 序章第２節３幼稚園の役割）」とされており、その中で、一人ひとりの幼児が十分に自己を発揮することによってその心身の発達が促されます。一方保育所は、「入所する子どもの福祉を積極的に増進することに"最もふさわしい生活の場"であることが求められる。一人一人の心身共に健やかな成長と発達を保障する観点から、保育所おける環境や一日の生活の流れなどを捉え、子どもが様々な人と出会い、関わり、心を通わせる経験を重ねることができるよう、乳幼児期にふさわしい生活の場を豊かにつくり上げていくことが重要である（保育所保育指針第１章１（１）保育所の役割）」とされています。保育所と幼稚園は、その役割としての文言は同じではありませんが、どちらも、自然な生活の流れの中で直接的・具体的な体験を通して，人格形成の基礎を培うということに変わりはありません。

　さらに幼稚園教育は、その後の学校教育全体の生活や学習の基盤を培う役割も担っています。また幼稚園が家庭と協力して教育を進めることにより、保護者が家庭教育とは異なる視点から幼児への関わりを幼稚園において見ることができ、視野を広げるようになるなど保護者の変容も期待できることから、幼稚園は、幼児期の教育のセンターとしての役割を家庭や地域との関係において果たすことも期待されています。（幼稚園教育要領解説 序章第２節３幼稚園の役割）

[注] 2019（令和元）年度『学校基本調査』

2. 幼稚園教諭免許と幼稚園教育実習

(1) 実習の意義と目的

　幼稚園教育実習は幼稚園教諭の免許状を取得するために必ず実施しなければならない実習であることはいうまでもありません。幼稚園は小学校以上とは異なる幼稚園の保育の特色があり、実習では自分自身を幼稚園という保育現場に置いて、幼稚園というところはどういうところなのかを体全体で体験し理解することが求められます。また、実践を通じて保育者としての使命と責任を自覚し、その資質を高める機会でもあります。免許状取得だけを目的とした実習や、子どもと遊びたいだけという安易な気持ちで実習に参加することは許されません。実習に参加する以上は、将来保育者となる自覚をもって臨むことが大切なのです。

　そして、幼児や保育者たちと生活を共にすることで、養成校で学んだ幼児教育、保育に関する知識をより確実なものにし、さらに、保育者の仕事について具体的に学習し、幼児の成長を支えるあらゆる仕事に対する理解を深めることです。

(2) 実習の目標と内容

　幼稚園実習の目標は実習生一人一人が決めるものですが、①子どもを理解する。②幼稚園教諭の仕事の内容と役割を理解する。③幼稚園の社会的役割について理解する。④保育者としての資質を高め、今後の課題を見つける。などは、意識しておく必要があります。

テーマ	内　容
幼稚園の実態を知る	地域の中での幼稚園の位置づけ、教育理念、特色など
幼児理解を深める	年齢による発達段階の違い、個々の発達や興味・関心の違い、子ども同士の関わりなど
環境を通した教育について理解する	保育の準備、園内外の環境など
保育者の関わりを知る	場面や個々に合わせた言葉かけなど
保護者支援について知る	幼稚園と家庭の連携、保護者に対する子育て支援など
保育者の仕事について知る	子どものいない時間の保育者の役割など

(3) 実習の方法

　幼稚園教諭1種及び2種免許を取得する場合、実習を1回で行う養成校、2回に分けて行う養成校など様々ありますが、合わせて4週間の幼稚園での教育実習（4単位）と事前事後指導（1単位）を受けなければなりません。では、実習期間中に、実際にどのような段階を経て学びを深めていくのでしょうか。一般的には、以下の4つの段階が考えられます。この段階は、第1段階⇒第2段階⇒第3段階⇒第4段階と移行していくだけでなく、どの段階においても、観察・参加実習は欠かせませんし、振り返りと課題発見も忘れてはなりません。

第1段階	【見学・観察】 1年次、または2年次に園に出向いて、半日の見学実習を行う養成校が多く、ここで幼稚園というものについて大まかに理解します。この機会がない場合は、実習の初日に行います。
第2段階	【観察・参加実習】 観察実習は、子どもの発達段階やそれぞれの発達の違い、クラスや子どもの実態、保育者の様々な関わり方について気づくように、個々の子どもや子どもと保育者の関わりを観察します。参加実習は、実際に子どもと遊んだり保育の準備を手伝ったりして、子どもとの信頼関係を築き、幼稚園の1日の生活の流れや保育者の仕事について知ります。学校の授業で学んだ理論と現実の保育の違いについて認識し、後半の実習に向けて自分の課題を見出します。観察と参加を分けて行う場合もありますが、ほとんどの場合は同時進行になるのでメモを取ることが多くなると思いますが、保育の流れを妨げることがないよう十分注意しましょう。
第3段階	【責任実習】 第2段階で見出した課題について考えを深めるとともに、保育者としての体験をします。1回で4週間の実習を行う場合は、実際に15分から30分程度の一斉保育を計画実施（部分実習）したり、半日から1日の保育を計画実施（半日実習・1日実習）したりし、子どもとの生活を通して、子どもについて、あるいは保育者の様々な役割について具体的に学びます。2回に分けて実習を行う場合は、園が変わる場合もあるため、観察・参加実習を行ってから第3段階に入ります。どちらにしても第2段階で把握した子どもの発達や実態、保育者の関わり方などを踏まえたうえで計画を立て実施するようにします。担当の先生から事前・事後に指導していただくので、相談や質問などは積極的にし、指導されたことに対しては素直な態度で臨むようにしましょう。
第4段階	【振り返りと課題発見】 実習園での反省会や養成校での事後学修を通して、実習で得られた成果と課題を明らかにし、今後の学びに活かすという気持ちを新たにします。実習園の先生方には感謝の気持ちを伝えましょう。

第4節　介護等体験の目的と内容

1．介護等体験の法的根拠と教員免許

(1) 介護等体験とは

　介護等体験は、介護等体験特例法（小学校及び中学校の教諭の普通免許状授与に係る教育職員免許法の特例等に関する法律）により、1998年度の大学等入学者から実施されるようになりました。

　この法律の目的は、「義務教育に従事する教員が**個人の尊厳及び社会連帯の理念**に関する認識を深めることの重要性にかんがみ……障害者、高齢者等に対する介護、介助、これらの者との交流等の体験」（第1条）を原体験として持つことで、教員としての資質向上と義務教育の充実を期待するものであるとされています。また、法の制定過程においては、「<u>人間一人一人が違った能力や個性を有しているという事実</u>」に気づくことを通して、「**人の心の痛みのわかる人づくり、各人の価値観の相違を認められる心をもった人づくりの実現に資すること**」にあるといった意義づけもされました（第140回国会参議院文教委員会第16号）。

　介護等体験特例法の法制化後、すでに四半世紀を経ようとする現在ですが、少子化や核家族化、労働形態の多様化、世帯間所得格差の増大など、ますます複雑化・断片化しています。介護等体験は、このような社会の中で暮らす子どもの学びを支える教育者の養成課程において、ますます重要な役割を担うようになっていると言えるでしょう。なお、法第4条には教員採用選考にあたり、「その選考に当たっては、この法律の趣旨にのっとり、教員になろうとする者が行った介護等の体験を勘案する」とされており、教育者を目指すものにとっては、欠かすことのできない機会にもなっています。

　ここでは、介護等体験特例法に定められている体験の場のうち、特別支援学校と老人福祉施設などでの体験内容と学びの視点について、中心に見ていくことにしましょう（あわせて施設実習の節についても、必ず学習するようにしましょう）。

(2) 体験の場と内容

　介護等体験を行う場所は、①特別支援学校（盲・聾・養護学校）、②保育所を除く法令に根拠を有する福祉施設・老人保健施設、の2か所において行うものとされています（学校及び中学校の教諭の普通免許状授与に係る教育職員免許法の特例等に関する法律施行規則）。体験の期間は、特別支援学校で2日間、社会福祉施設で5日間の計7日間を原則として実施され、高齢者や障害者など多様な人との**交流**を行います。なお、介護等体験特例法で認められた場所以外で体験を行っても認められません。

　上でみたように介護等体験の内容は、障害者や高齢者といった社会的弱者とされる人びとへの介助や介護、交流を行うこととされています。介護等体験が、専門的な学びにおけ

る理論と実践の統合の場としての**実習**ではなく、あくまでも**体験**とされているのは、介助や介護する経験の機会を持つことと、実際に高齢者や障害者等と**交流**することに力点がおかれているからです。体験に取り組むことで、これまでかかわる機会のなかった多様な人々の生（生命・生活・生涯）とそこでの課題や対応方法について知り、これまで自分が考えていたことやイメージしていたこととの相違点に気づくことを通して、他者をケアすること（教育を含む）への理解を深めることが大切です。

特別支援学校での主な体験内容と学ぶ視点

・子ども期の障害への理解を深める：児童生徒の障害を理解し、接し方や言葉かけなどのコミュニケーションのあり方、障害の状態に応じた安全配慮の仕方を学ぶ。

・授業に参加する：時間割・スケジュールの掲示、座席配置の仕方、学習スペースなどの環境構成の工夫を知る。ティーム・ティーチング（Team Teaching；TT）による指導や授業展開、障害に配慮した発問や指導の仕方、教材・教具などの学習指導計画の工夫を知る。ICT の活用や支援機器、個に応じた活用、自立活動の指導方法を学ぶ。

・学校行事（例：プール活動、遠足、文化祭、体育祭等）に参加する：教員としての準備の深さや配慮の仕方を知る。

社会福祉施設での主な体験内容と学ぶ視点

・介護・介助の実際を知る：高齢者や障害者への食事介助や、入浴・排泄等の補助、移動補助といった身の回りの世話を体験し、日常生活上の支援の仕方を学ぶ（具体的な身体介護や介助の体験に際しては、体験生本人への十分な説明と指導が行われた上で、施設職員の見守りのもと行うことが安全配慮上、必須です。また、入浴・排泄等は、同性介護・介助が原則であり、利用者の同意が必要です）。

・施設における活動に参加する：施設が提供する様々なプログラム（レクリエーション活動や授産活動等）の補助を行いながら体験するとともに、施設利用者との交流を通じて、個々の障害に配慮したコミュニケーションの方法を学ぶ。また、施設職員の対応の仕方や言葉かけ等から、コミュニケーション手法に関する新しい気づきをえる。

・掃除・洗濯・おむつたたみ等の生活関連業務を知る：日常の生活環境を保全するために必要な様々な業務や取り組みを体験し、ひとりひとりの充実した健康で文化的な生活＝生活の質（Quality Of Life；QOL）のあり方、人間の尊厳、人間同士の連帯について考える。

　上にあげられた体験内容と学びの視点はあくまでも一つの例で、実際に経験する体験内容は、受入れ校や施設の長の判断により異なり、学びの視点も様々です。体験内容について、具体的な事項や手順について説明を受けるとともに、身勝手な自己判断で行動することのないよう、**社会人としてのルールやマナー**を守りながら、学校や施設における活動や

生活に参加するよう心がけましょう。また、1日の体験が終了したら、必ず疑問に思ったことや気づいたことについて考え、質問を行いましょう。さらに、ただ子どもや高齢者、障害者とかかわり交流するだけではなく、教員や施設職員の指導の仕方や接し方を見たり聞いたりし、体験を振り返り伝えることで、省察が深まるでしょう（経験の言語化）。

2．体験で何を学ぶか・どう学ぶか

　ここまで介護等体験特例法などに規定された体験の趣旨や内容、学びの視点について確認してきました。しかし、短い体験活動を通して何を学ぶことができるのか、何を得ることができるのかは、序章にみたように体験の場やタイミング、そして何より学生それぞれの意識や取り組み方によって変わります。「学び」がどこにあるのか、つねに反省的に実践してみましょう。とはいえ、実際に体験に臨む学生は、はじめて訪れる特別支援学校や社会福祉施設について、漠然としたイメージしか持っておらず、不安も多いでしょう。以下では、過去の体験生の経験から、介護等体験の意義と目的について、もう少し考えてみることにしましょう。

（1）他者理解と自己覚知

> 　重度肢体不自由の利用者と体験生は、気持ちのよい晴れた日の午後、家族連れで賑わう公園に向かいました。車椅子を止める場所を確保した後、お茶の用意をしながら、ふと顔を上げると先ほどまでいたたくさんの人達は周囲からいなくなっていました。どうしてだろうと考えていると、小さな子がやってきて「大人なのにどうして歩かないの？」と聞いてきました。私は少しムッとしましたが、職員が子どもの問いかけに丁寧に答えようとしていました。すると急いで走ってきたお母さんに「そういうことは聞いちゃいけないの」と子どもに話して聞かせながら、手を引いて行ってしまいました。

　上記の体験生の経験について考えてみましょう。この場面において、なぜ子どもが「大人なのにどうして歩かないの？」と尋ねたことを、親はたしなめたのでしょうか。また、このように言われた重度障害のある利用者は、何も感じていないと言えるのでしょうか。

　体験生であるあなたは、まず、この場面に関わるすべての人の「思い」を想像し、**共感的理解**することから、はじめてみてください。遊んでいた家族、質問してきた子ども、連れて行った母親、重度障害者、施設職員、ボランティア、体験生、それぞれの立場から考えることで、状況を多元的に理解してみるのです。つぎに、こうした理解にもとづきながら、自分と他者の理解の仕方、感じ方の相違点について、一歩距離をもちながら分析してみましょう。すると、これまで気づかなかった**自分自身の気持ちや考え方の傾向・特性**について知ることができるのではないでしょうか。

(2) 相互作用としての学び

> 　私は、介護等体験に行く前「ニュースやテレビで障害者を見るたびに、ふつうの人ができることができないのだから、本人だってそんな人生は楽しくはないし、生きがいもない。だから、社会にいらない」そう思い込んでいました。また、障害があると「普段から泣いて過ごしていて、笑顔なんか見られない」と思っていました。ましてそこに高齢も重なれば「毎日暗い気持ちで過ごしているに違いない」そう思っていた。でも、現実はまったく違っていました。障害があっても、できることをがんばろうとしていたし、自分が目指す教師という職業だった、障害のある高齢者もいました。知識も豊富で、自分の生まれていない時代の貴重な話をたくさんしてくれました。がんばって社会を担ってくださいと励ましてくれる人もいました。
>
> 　体験を終えた私は、どのような人に対しても、愛情が生まれ、敬意を感じるようになっており、これからも幸せに長生きしてほしいと、思うようになっていました。

　上記の体験生の経験において、もっとも大切なことは、学生と受入校の生徒との関係あるいは学生と施設の高齢者や障害者との関係を、単に**障害のない人**と**障害のある人**というような**一方向的な関係から双方向的な関係へ**と、学生が捉え方を変化させていった点にあります。障害のない体験生が、様々な理由で生活課題をかかえる他者の世話を「してあげる」のではなく、高齢や障害の当事者の尊厳ある生から学ぶこと、多様性の尊重を通して得られる**生きること**への広い視野を持つこと、希望を持つことが、大切です。

　体験生の中には、介護等体験を経て、それまで通常級の先生になりたいと思っていた夢が変化し、特別支援学校の先生を目指すようになった学生もいます。また、教職を目指す熱意ある学生とふれあうことで、先生になってみたいという新しい人生の目標をつかむ子どもたちもいました。教育とは、人と人の間の相互作用を伴う活動であり、体験する者と受入れる者、両者に少なからず変化をもたらします。体験生であるあなたは、透明な観察者でも、一方的に子どもや当事者の生活に介入する教師や専門職でも、ありえないのです。

(3) 体験に取り組む前に

　介護等体験の事後に行われる課題レポートには、しばしば体験の場に関する学習が不足していたことへの反省と、事前に学びたいことを明確にしておくことが重要であったという意見が、多くみられます。これから介護等体験に取り組むみなさんには、ぜひ体験の前に、特別支援学校や社会福祉施設についての十分な**調べ学習**を行うとともに、自己課題を明確化するようにして下さい。

　たとえば、自分自身の体験先である特別支援学校や福祉施設にいる子どもや高齢者、障害者の障害の種別や軽重であったり、活動や参加の制限の程度、学校や施設に配置されている教職員や専門職の職種の構成について調べてみることから、はじめてみてください。また、障害の種別や軽重をふまえて、これまでの大学で学んだ当事者の心理や生理、病理について復習しておきましょう（実態把握や支援計画、教育支援の方法に用いられる行動

観察や心理検査等のアセスメント技法などの学びを含む）。そうすることで、体験の場で実際に目の当たりにする具体的な自立活動や指導法・支援法について、外形的・表層的な理解ではなく、その実質や深層についての理解を行えるようなるでしょう。さらに、教育と医療・福祉・労働の連携、あるいは家庭と教育と福祉の連携の必要性が高まる現在の社会状況において、教育制度を理解するだけではなく、体験の場が拠って立つ法制度やしくみについて、知ることも必要です。

　さいごに介護等体験後の自己学習についてふれて、本節を終えることとします。みなさんの介護等体験を引き受けてくれる特別支援学校や社会福祉施設、そして教育機関である大学は、みなさんに**学びの機会**を提供することはできます。けれども、それらひとつひとつの学びの機会を活かし、意味あるものにしていくことができるのは、学生であるみなさん自身によってしか、成し遂げられません。大学や課外活動を通した学びや事前の調べ学習で学んだことと、実際の体験を通して得られた学びを照らし合わせ検証することや、自分自身の目指す教師像やそのためにあらためて涵養すべき資質についての確固とした理解を得られるよう、省察を深めていってください。

事前学習のヒント

・特別支援学校や社会福祉施設の文部科学省や厚生労働省、国立特別支援教育総合研究所、社会福祉協議会等のホームページ
・特別支援学校や社会福祉施設に関する自己評価および第三者評価
・当事者や家族の手記、先輩の体験談や体験報告書

コラム　学生の戸惑い―予測がつかないこと？　肯定的／否定的なことばかけ？

　学生が障害児者の施設に足を踏み入れて戸惑うのは、ふだんの生活の中では経験したことのない／したとしても眉をひそめるだけで避けることのできた〈予測〉のつかない行動や言葉に出会い、どう接したらよいか分からなくなってしまうといったことでしょう。また、分かってもらえないストレスから自傷行為やパニックなどの問題行動を起こしてしまう場面に出くわし、それを止めようと自分なりにかかわってみたものの言葉がまったく耳に届いていない、それなのに職員がことばかけすると何事もなかったように落ち着く姿を見て途方に暮れることもあるでしょう。さらに、とても厳しく子どもを叱責している場面を目撃し「なにもあんな言い方しなくても」と思いながら、自分自身を子どもと置き換え共感的に理解しようとした結果、「子どもの思いによりそうことが大切なのに」とか「こんなひどい場所は嫌だ、早く終えて出ていきたい」といった思いに囚われる学生もいるでしょう。こうした場合「なぜ職員はそのようなかかわりをする必要があったのか」という視点から状況を点検しなおすことが必要です。そうするとトピック㉑の日誌の考察部分にもあったように障害特性に応じたコミュニケーションのとり方の一工夫であったことや社会性獲得のための支援であったと気づくことができるでしょう。

実習前に必要な準備をする

第1節　実習前オリエンテーションについて

　実習前オリエンテーション（以後、オリエンテーションと記す。）とは、実習の約1ヶ月前[1]に実習先（園や施設）と実習生の間で行われるものです。このオリエンテーションで、担当する子どもの年齢や配属されるクラス、部分実習や責任実習の有無等、実習の具体的内容を確認、調整し、各自の実習に向けた準備を本格的に始めます。

　オリエンテーションをお願いする電話は、実習先と実習生が初めて接する機会です。従って、実習はこの電話から始まっています。オリエンテーションだけでなく、この電話でも失礼のないよう十分に注意しましょう。

　本節では、オリエンテーションに関する一般的事柄を説明します。細かい点は、養成校毎に違いがありますので、授業内の説明に従って下さい。

1．実習前オリエンテーションの流れ

(1) Step1　訪問日時の決定

1）自分（複数配属の場合は全員）の授業や予定を確認し候補日を挙げておきます。

2）実習開始約2か月前に実習先に電話し、オリエンテーションの日時を決めます。
　　※「3．電話のかけ方」を参照して下さい。

・複数配属の場合、原則として全員が揃っている所で代表者が電話しましょう。

・原則として園長、施設長と話しますが、主任、実習担当保育者が窓口になる場合もあります。

・基本的に実習先から指示された日程で伺いますが、試験期間や学内の実習オリエンテーションと重なる場合は実習先と相談して下さい。

・その他、オリエンテーション時の保育の見学の有無、健康診断証明書・腸内細菌検査結果の提出時期を確認して下さい。なお、なるべく保育を見学させて頂くようにしましょう。

---

[1] 実習先（園や施設）によっては、当該年度に行う実習について、実習生全員を集めて説明したり意見交換をしたりする場合があります。

・オリエンテーションの日時が決まったら、速やかに実習担当教員や実習事務を行う部署等に報告して下さい。なお、オリエンテーションが実習期間内に実施される時は、その旨報告して下さい。

(2) Step2　オリエンテーションを迎えるまでの準備

１）実習先（訪問先）までの交通手段、所要時間を確認します。

２）確認事項や質問事項等をメモ帳にまとめます。

確認・質問事項	実習先の保育方針、特色。 配属クラス、実習内容。 土曜保育の様子、期間中の園行事への参加。 保育中の服装、更衣室の有無、持ち物、エプロン、名札（安全ピンかマジックテープか等）。 給食費等の費用とその支払い方法。 出勤簿の置かれる場所。 実習期間の確認、変更（変更がある場合は実習担当教員や実習事務を行う部署等に必ず申し出る）。 実習の実働時間数（時間数が不足すると実習の追加ややり直しになる）。 特に注意する事項、準備する事項、その他の質問。
お願いする事項	支障がなければ、全体的な計画・教育課程や指導計画類を見せて頂き、可能であればコピーをさせて頂きましょう。 実習中に使用する楽譜等、参考資料があれば見せて頂きメモをとってきます。可能であればコピーをさせて頂きましょう。 部分実習の機会を頂けるかどうか（保育教材、絵本、紙芝居等）を伺いましょう。部分実習を行う場合は時期も確認して下さい。 ※実習段階に関わらず、自分から部分実習等の機会を頂けるかお願いしましょう。

３）オリエンテーション当日の持ち物等を用意します。

> 筆記用具、メモ帳（確認・質問事項、お願いする事項がまとめてあるもの）、実習日誌、
> 上履き、健康診断証明書・腸内細菌検査の結果（オリエンテーション当日に提出するよう指定された場合）、
> 実習先の所在地・電話番号・担当者氏名がわかるメモ、
> 保育を見学するために必要なもの、その他電話で確認したもの、
> 訪問時に着用するスーツやカバン、靴等[2]。

(3) Step3　オリエンテーション当日

１）余裕を持って出かけましょう。

・開始10分前までには到着し、玄関から入ります。（交通機関の遅れは遅刻の理由にならないことに注意しましょう。）
　防犯及び事故防止のため、門の施錠に注意して下さい。

・複数配属の場合、実習先には全員が一緒に到着するようにします。実習先の最寄り駅等で待ち合わせ、時間に来ない時は遅刻しないよう、先に実習先に向かって下さい。

２）実習先に到着したら、受付等で、適切な挨拶、所属・名前、訪問の目的を伝えてから園舎に上がります。

・園内や施設内で出会った方すべてに挨拶をするようにしましょう。

３）オリエンテーションでお話を伺います。

・担当者の話はメモを取りながら伺いますが、目線を合わすよう心掛け、必要に応じて

---

[2]「第2節　実習生としての姿勢と基本的なマナー」を参照して下さい。

返事をするようにしましょう。

・Step 2 でメモ帳にまとめた確認事項や質問事項等を見ながらお話を伺い、お願いする事項は漏れがないように遠慮せず質問しましょう。

(4) Step4　オリエンテーションを終えて帰宅（帰校）後

・実習日誌に必要事項を記入します。

・オリエンテーション報告書を作成し、実習担当教員や実習事務を行う部署等に提出して下さい。その際、各自保管用に忘れずにコピーを取りましょう。

・オリエンテーションが実習期間内に行われた場合の提出は、各養成校の指示に従って下さい。

・公欠にはなりませんが、「授業欠席届」を欠席した授業科目担当教員に提出することも忘れないようにしましょう。なお、授業科目担当教員には、事前にオリエンテーションで欠席する旨を申し出て下さい。

2. オリエンテーション報告書の書き方

　オリエンテーション報告書は、オリエンテーションの内容を整理し、その内容を大学に報告するために作成します。具体的には、実習先の方針や保育の特色、実習形態・内容・配属クラス、部分実習や責任実習の有無、事前に学習や準備すべきこと、用意するもの、経費、その他注意事項等について記入します。

　この報告書に基づき、教員の巡回指導が実施されます。巡回指導教員が実習の流れや内容を理解できるよう、必要な情報をわかりやすく記入することが必要です。下に例を示してありますので、参考にしながら記入漏れのないように作成して下さい。

(1) 書き方についての注意事項

・ボールペン等、消せない筆記具で記入しましょう。

・「学籍番号・氏名」から「オリエンテーション実施日」まで、漏れなく記入して下さい。

・「オリエンテーションの内容」は、箇条書きで構いません。但し、具体的にご指示やご指摘頂いた内容を書きましょう。

・「実習にあたっての留意事項」は、実習前に準備ができるよう、重要なことを全て書いておきましょう。

・「実習に向けての自己課題、決意など」は、オリエンテーションを終えた段階で生まれた、ご自分の自己課題や実習に向けての決意、実習の目標等をまとめましょう。

例 　　　　　　　　　　　　年度　保育実習（保育所）

オリエンテーション報告書

学 籍 番 号		ふりがな	
		氏 　名	
実 習 園 名			
実 習 担 当 者		先生	
実 習 園 の 所 在 地	〒 電話番号		
自 宅 か ら 実 習 園 ま で の 所 要 時 間			
オ リ エ ン テ ー シ ョ ン 実 　施 　日	月　　　日（　　） 　　　　分から　　　　　　分まで		

●オリエンテーションの内容
・実習期間の変更：2月6日（月）〜2月18日（土）の11日間が、実習時間の都合で、2月6日（月）〜2月20日（月）の12日間に変更。実習時は、1日7.5時間×12日間＝90時間。
・配属クラス、初めの3日間：0〜2歳児のクラスで観察記録を取り、5日目から配属クラスを固定する。4日目午前中：○○保育園の病後児保育室を見学。午後は一時保育室に入る。
・部分実習：5日目以降に10分程度の読み聞かせの部分実習を実施（クラスは未定。実習2週間前にこちらから園にお電話して要確認）。指導案は担当保育士の指導を受け、完成したものを実施前日の朝までに園長先生に提出。書式は大学の指導案を使用する。
・注意事項：入ったクラスの中で毎日ポイントを持って観察する。実習中メモを取ることは　可能だが、参加中は控える。積極的に子どもの手助けをする（例えば、着替えや食事等）。朝出勤したら、活動着に着替えて、事務所にある出勤簿に押印する。

●実習にあたっての留意事項　出退勤時間、持ち物、食事代（昼食）、服装等
・出退勤時間：8：30〜16：45（休憩45分）、1日の実働時間7.5時間。実習期間中、早番と遅番を1回ずつ体験する予定。
・服装：出勤着と活動着は着替える。活動着は、動きやすい服装で汚れてもよい服。フードや紐つき、キャラクターの描かれた服は避ける。エプロン、名札は不要。また、予備の着替えをロッカーに入れておく。帽子（日除け）も持参する。
・持ち物：かかとのある上履きと園庭用外履き、印鑑、メモ、危なくない筆記具。
・食事代：昼食＋おやつで1に日450円、12日間分の5400円を実習最終日にまとめて、会計担当職員に支払う。
・日誌について：提出は、翌朝、園長先生に提出する。修正テープの使用可。○○保育園では、保育士を「○○さん」と呼ぶので、日誌に名前を書く時は「○○保育士」と記入する。

●実習に向けての自己課題、決意など
　実習初めの3日間、「観察する日」を頂いたので、各年齢の子どもの様子や保育者の支援の仕方、子どもと保育者の関わりをしっかりと観察し、子どもの発達段階、保育園の1日の生活の流れを理解したい。
　乳児と1日生活したことがないので、食事、遊び、睡眠、排泄等注目すべきポイントを決めて、1日1日わかることを増やしていきたい。そして、病後児保育室と一時保育室も見学させて頂けるので、どのような活動をしているのか理解した。また、部分実習では子どもにもう一度聞きたいと思ってもらえるように、発達にあった絵本を考えたい。
　今回の実習の課題は、保育園の1日の流れを理解することと、今の自分にできることを一生懸命することである。また、実際に子どもと関わる時は、保育者の言葉かけを思い出しながら、少しずつ子どもとの距離を縮め、少しでも信頼関係を築けるよう努力する。

※ボールペンで漏れなく記入してください。
※オリエンテーション終了後、1週間以内に原本を教職センターに
　提出してください。また、コピーを取り自分で保管してください。

受 　付	処 　理

（2）提出について

・オリエンテーション後１週間以内に、実習担当教員や実習事務を行う部署等に提出して下さい。なお、提出場所等は養成校により異なるので、ご自分の学校のオリエンテーションで確認しておきましょう。

3. 電話のかけかた

　実習園にオリエンテーションをお願いするにあたり、まず電話でのアポイントメントをとります。顔の見えない相手に学ぶ意欲や熱心さ、良い人間関係を築こうとしている姿勢が伝わるよう、事前にメモを作り、誠意をもって電話をかけましょう。

（1）実習先にかけるときの電話

◆要領よく話す

　用件を簡潔に伝えます。話すことを事前にメモにまとめておくとよいでしょう。

◆正確に伝え、聞く

　大切なことは少しゆっくりと、はっきり話します。声のトーンを上げて話すことも心がけましょう。特に訪問の日時、持ち物、注意事項など、忘れてはならないことはメモをとりながら、相手に復唱し、確認をしましょう。（「固有名詞」「数字」には特に注意する）

◆マナーを忘れずに

　自分の声が聞こえにくい状況は避け、他に人のいない静かな室内で電話をかけましょう。また実習先の状況を考え、迷惑にならない時間を選びましょう。朝の受け入れ、昼食、降園の時間などは避けましょう。実習先にもよりますが、午前10時以降もしくは午後2時以降が良いかもしれません。そして、正しい言葉使い、敬語を心がけましょう。

間違えやすい言葉遣い	望ましくない言葉使い
了解しました→かしこまりました	もしもし
○○様おられますか→いらっしゃいますか	〜のほう
よろしかったでしょうか→よろしいでしょうか	なるほど
どうしますか→いかがいたしますか	えっと、／ちょっと、
すいません→ありがとうございます	
申し訳ございません	

・電話をかける際の第一声の例

「お忙しいところ恐れ入ります。私＿＿＿大学＿＿＿学部＿＿＿年生の○○と申します。本日は実習の＿＿＿＿＿の件でお電話させていただきましたが、実習担当の方はいらっしゃいますか？」

> 担当者がいた場合
>
> 「お忙しいところ失礼いたします。私＿＿大学＿＿学部＿＿年生の○○と申します。
> ○月○日より実習でお世話になります。どうぞよろしくお願いいたします。本日は
> ＿＿＿＿をお願いしたくお電話いたしました。只今お時間よろしいでしょうか。」
> ――日時決定後――
> 「それでは○月○日○時に伺います。本日はお忙しいところ、ありがとうございました。どうぞよろしくお願いいたします。それでは失礼いたします。」
> 担当者不在の場合
> 「それでは、いつ頃でしたらいらっしゃいますか？」
> 「それでは○月○日○時頃に、もう一度お電話させていただきます。失礼いたします」

（2）電話のかけかた

　①まず、ゆっくりはっきり自分の「所属」と「名前」を言います。このときに実習期間（実習初日）を正確に伝えましょう。

　②取り次ぎを依頼する

　相手（実習担当者）がわかっている場合は、相手の「部署」と「名前」を伝え、取り次いでもらえるようお願いします。相手が分からない場合は、用件を簡潔に話し、「実習の担当の方」をお願いしましょう。

　③話す相手が出たら

　再度名乗り、適切な挨拶をしましょう。電話の用件を簡潔に伝えた後、今話しても良いか尋ねます。その後、日程や持ち物など詳しい内容を担当者と決めていきましょう。その際アルバイトやサークルなどの事情で日程の変更を依頼することのないよう気をつけましょう。また、対応してくださった方の名前もメモしておくようにします。

（話す相手が不在の場合）

　相手の都合の良い時間を聞き、改めて電話することを伝えます。相手の方が折り返し連絡するとおっしゃることもありますが、授業中で連絡がつかず二度手間になることも多いので、こちらから再度ご連絡するとお話ししましょう。また、伝言をお願いすることも相手に手間をかけてしまうことになるので避けましょう。

（3）最後に

　日程や時間は再度復唱し、相手との相違がないかきちんと確認をします。その後「お礼」と「挨拶」をし、相手よりも後に電話を切ります。固定電話の場合は静かに切るよう気をつけましょう。

4. 個人票の書き方

　個人票に書く内容は、実習を行うにあたって実習先の先生方が初めて知るであろう、あなた（実習生）の情報です。分かりやすい表現を心がけましょう。

⚠ 個人票を記入する前の注意点
・黒ボールペンで記入してください（消えるボールペン不可）。
・書き損じ・汚損は書き直しです。（修正液・修正テープ・二本線での修正不可）
・枠内の中央にバランス良く記入してください。また、文字の右上がり・右下がりに注意し書いてください。
・はね・止め・はらいを意識して丁寧に記入しましょう。

(1) 記入する内容

①記入年月日

　記入年月日は、実習ごとに異なります。

②写真（縦4cm×横3cm）

　・上半身、脱帽、スーツ（ジャケット着用、男性は白シャツ及びネクタイ・女性は白ブラウス着用）、カラー写真で撮影してください。

　・茶髪・ピアスは厳禁です。

　・表情が見える顔周りに髪がかからない髪型で撮影しましょう。

　・写真の裏面に黒ボールペンで学籍番号、氏名を記入してください。

③捺印

　朱肉を使ってまっすぐに押印しましょう。スタンプ式の印は不可です。

④生年月日

　記入年月日時点の年齢を記入するよう注意してください。

⑤住所

　都道府県名から書きましょう。記載する情報が無い場合も「なし」と記入します。実習時住所と現住所が同一の際は、「同上」と書くようにしてください。

⑥所属クラブ・サークル

　所属団体名だけでは活動が分からない場合、括弧内で補足します。

⑦実習・ボランティア等の活動歴

　ボランティアの欄では、児童や生徒との関わりのあるボランティア活動について記入してください。

⑧資格取得の動機や今回の実習で学びたいこと

　保育者になるという熱意が伝わるように、自分らしい言葉でしっかりと書いてください。「どのような保育者になりたいのか」「なぜそう考えるのか」「具体的にどのような保育をしたいのか」、自分を振り返りながら書いてみましょう。

・個人票の主語は私であることから、文頭の「私は（が）」は不要です。

・問われていることについて書くのは当然なため、項目名を繰り返すことは避けるように
　しましょう。

（例）「幼稚園実習で学びたいことは〜」

・話し言葉を用いたり、言葉を略したりして書かないよう注意しましょう。

・字送りに留意しましょう。

（例）

（前略）〜と考え、保育
者を目指しています。（後略）

→「保育者」を一行に収めましょう。

（2）記入時に心がけること

・肯定的な表現を心がけてください。

・否定的な表現にならないように書き方を工夫しましょう。

・「私は子どもが好きで〜」というような保育者になるための基本的な資質については書
　きません。

・「虐待から子どもを救いたい」、「日本の保育を変えたい」というような大きなことを書
　かずに、実習生として等身大の表現をしましょう。

⑨その他や特記事項

　持病等の実習を行う上で実習先に伝えておいた方が望ましいことを記入します。無い場
合も「特になし」と記入をしてください。

⑩麻疹

　事前に自身の罹患状況を把握しておき、記入をします。罹患しておらず、ワクチン未接
種者は、ワクチンの接種を必ず行ってください。罹患状況は不明の場合は抗体検査を受
け、必要であればワクチン接種をしましょう。

第2節　実習生としての姿勢と基本的なマナー

　実習は、養成校で学んだ知識や技術を実際の保育・教育・福祉の場での経験を通して理解・習得できるよう意識的に学ぶ場です。職業人に準ずる立場で学びます。つまり、実習は保育・教育実践に関する学びだけではなく、社会人として必要な知識や態度等も学ぶという心構えと自覚をもって取り組むことが必要だということです。学内で学ぶ理論と実習で学ぶ実践を結びつける有意義な実習にするために、望ましい姿勢や態度について考えます。実習には制約があり窮屈に感じるかもしれません。しかし、これらは実習生を縛るためではなく実習生を守るための禁止事項なのです。理由を理解し前向きに実習に取り組む準備をしましょう。

1．実習生としての望ましい姿勢

(1) 謙虚さと誠実さ

　実習園・校・施設は、専門職として将来共に働く仲間を育てたいという熱意から、日常の業務に加えて実習生の指導にあたってくださいます。実習生は、学ぶ者としての謙虚さと指導していただけることに対する感謝の気持ちをもって、実習に誠実に取り組む姿勢が不可欠です。「わからないことは聞く」ことも謙虚さと誠実さです。

(2) 向上心と積極性

　積極的に学ぶためには、目的と課題が明確であることも不可欠です。今日の学びを総括して、明日の実習の課題を明確にすることを繰り返すうち、より深く学んでいることを実感できるようになるでしょう。もっと学びたいという向上心が積極的な姿勢となり、実習だからこその貴重な学びにつながります。

(3) 健康管理

　実習中は、緊張や疲労といった体調を崩しやすい条件が重なります。栄養と睡眠をしっかりとることに心がけ、手洗い・うがい等も徹底して行いましょう。実習を決められたスケジュールで取り組むための健康管理も大事です。なお、現在新型コロナウイルス感染拡大抑止のため一層の健康管理が求められています。少なくとも2週間前からの検温・健康チェック、体温計とマスクを園に持参し、咳エチケットや頻繁な手洗いに心がけるなど、必要な健康管理に心がけて下さい。

(4) 安全

　保育は子どもたちを預かる仕事ではなく、子どもたちの命を預かる仕事です。そのことを忘れずに、安全に対する高い意識をもって実習に取り組みましょう。

2. 実習生としてふさわしい態度

　第一印象とは、第三者がその人を見たときにもつイメージや先入観を言います。もちろん重要なことは実習が保育の本質を学ぼうとする実習生の真摯な姿勢ですが、過度な化粧などは、実習生としての姿勢を問われかねません。おしゃれと身だしなみは異なることを理解し、実習生としてふさわしい身だしなみや、実習生らしい挨拶や言葉遣いを心がけることが求められます。

(1) 身だしなみ
①実習中の服装

　清潔感のある服装を心がけましょう。サイズが大きすぎる服は、だらしない印象を与えます。サイズが小さい服は、背中が見える、窮屈そうな印象を与える等、活動的な保育にはふさわしくありません。体に合ったサイズの服を選びましょう。アクセサリーは、万が一落した場合に、子どもが口に入れる危険性や誤飲の可能性もあるため厳禁です。

　ジャージやジーンズは実習施設によって、可・不可様々です。キャラクターも捉え方は実習施設によって異なります。オリエンテーション時に確認し、実習施設に応じた服装をしましょう。また、着用するエプロンには、アイロンをかけましょう。衛生面での配慮にもなります。清潔感があること、TPO を考え調和がとれていること、機能的であること、が実習中の身だしなみ3原則です。

②訪問や通勤時の服装

　原則としてスーツ着用ですが、スーツ以外の着用を指定する実習施設もあります。場に応じた身だしなみや選択をする力が問われていると言えます。華美な色やデザインは避け、襟があるものと革靴・パンプスを選ぶと、よりきちっとした印象になります。靴は印象を左右します。靴磨きも習慣にしましょう。

③化粧

　おしゃれとしての化粧と身だしなみとしての化粧は、目的が異なります。厚化粧やつけまつげ・濃いチーク等の印象の強いポイントメークは厳禁です。残念ながら「真面目に学ぶ自覚がある」ようには見えません。ただし、眉毛を整えることは、健康的な印象を与えるために必要に応じてするとよいでしょう。衛生面への配慮が必要なことから、香水などの香りを発するものも厳禁です。実習では外面的な華やかさより、内面的な豊かさが好印象につながります。

④髪型

　前髪が目にかかると暗い印象を与えます。場合によっては、自信のない印象につながります。動くたびに髪を気にするしぐさも集中していない印象を与えます。顔にかかるおくれ毛も印象が良くありません。短くする、または、結ぶ等して表情がしっかりと見えるようにしましょう。子どもたちにけがをさせてしまう可能性もあります。ヘアアクセサリーやヘアピンは使わずゴムだけでまとめましょう。おしゃれより子どもたちの安全を最優先

することが必要です。身だしなみよりおしゃれを最優先した不真面目な印象を与えることは実習生にとってマイナスです。そのため、茶髪等は厳禁です。

⑤爪

　乳幼児の柔らかい肌に、大人の硬い爪は大きな傷をつくる原因にもなりかねません。また、ピアノを弾くことも考え、必ず短く切りましょう。実習にマニュキュアは不要です。

(2) 言葉遣い

　たとえ学生であっても、子どもたちの目には先生や親と同じ大人として映ります。また、実習生であっても子どもたちにとっては保育者です。子どもたちは周りの大人を手本として社会生活に必要な知識や能力を身につけます。指導者は子どもたちにとっての身近な大人として、手本になることが求められます。乳幼児が豊かで美しい日本語を身につけるためには、指導者が正しく美しい日本語の使い手となり、言葉の美しさや言葉を交わす楽しさを子どもたちに伝える力が必要です。流行りの言葉や略語での単調な話し言葉を用いずに、語彙力を向上させることが課題となります。また、ご指導いただく先生方や保護者に敬語を用います。その場に応じた敬語を使いこなせる力をつけておきましょう。

(3) 挨拶

　挨拶とは、人に会ったり別れたりする時に、儀礼的に取り交わす動作や言葉です。挨拶でその人の第一印象が決まるとも言われています。挨拶はほんの一瞬のことですが、円滑な人間関係を築くためにも重要です。また、挨拶は自己表現のひとつでもあり、人となりが表れます。何かをしながらの "ながら挨拶" はせず、立ち止り、相手の目を見て丁寧な挨拶を心がけましょう。

　最近は、いつ会っても「おはようございます」を用いる若者をよく見かけます。挨拶はいつ誰に行うのかによって、言葉も動作も異なります。実習生としての立場を忘れず、場に応じた挨拶ができるように心がけましょう。また、挨拶等の立ち居振る舞いのすべてを子どもたちは手本としてよく見ています。見られている自覚と見られても困らない自信をつけて実習に臨みましょう。

(4) 指導に対する真摯な受け答え

　指導をまず受け止めることが重要です。真摯な受け答えを心がけましょう。誤解が生じているのではないかと不安になる場合にも、改めてその場を振り返ってみましょう。そのときには気づけなかったことを発見できるかもしれません。そこに実習生としてのあなたの成長があるはずです。実習での指導は、できないことに対する指摘ではありません。実習生の伸びしろに対する期待です。

3. 実習生に求められる基本的なマナー

　実習では、「学生」としてではなく「社会人」としてのマナーを守れる人物かどうかが

問われます。実習ではできるという簡単なものではなく、日常生活における考え方や習慣がそのままふいに表れてしまうものと考えるべきでしょう。実習に向けて日常生活を改めて見つめ直してみましょう。

（1）時間・期限厳守

　時間や期限を守ることは最低限のマナーです。日常の学生生活においても様々な提出物があり、すべてに期限が設けられていることでしょう。日頃から見通しをもって行動し、時間・期限厳守の習慣を身につけておきましょう。

（2）守秘義務

　保育者には、職務上知り得た情報を漏らしてはならないという守秘義務があります。職業人に準ずる立場で実習を行う実習生も実習により知り得た乳幼児や施設利用者および家族並びに施設事業者に関する情報等、一切の事項を第三者に漏らすことは許されません。実習終了後も同様です。

（3）報・連・相の徹底

　実習中は自分で判断をして行動することが必要です。その一方で、自己判断をせず、報告・連絡・相談によって行動することが必要な場面もあります。積極的に行動することと自己判断で行動することは異なります。特に子どもの怪我や気になる様子については、報・連・相を徹底しましょう。

（4）明確な意志表示や返事の徹底

　実習中はご指導をしてくださる保育者・教師・施設職員とのコミュニケーションが不可欠です。わからないことを質問するだけでなく指示や指導に対して明確な意志表示や返事をすることも基本的なコミュニケーションを言えます。明確な返事は理解したことを指導者に伝えることになります。指導に対し常に感謝の気持ちをもち、謙虚な姿勢で実習に取り組みましょう。それが、「はい」や「ありがとうございます。」の言葉に表われます。

（5）最終チェックを忘れずに

　実習中には園指定のエプロンや名札をお貸りすることやロッカーを使わせていただくこともあるかもしれません。実習最終日はやり遂げた充実感や達成感から開放的になることもあるでしょう。しかし貸りたものを初日よりきれいな状態で返却することも実習生に求められる基本的マナーです。また忘れたものや未返却のものが無いようあらかじめチェックリストを作成し最終チェックを心がけましょう。

第3節　園・施設の周りのマップ作り

1．子どもや利用者とその家族と地域

　私たちは地域に住居を置き、そこで仕事、買い物、子育て、学校、病院、近所づき合い等を通し、日々の生活を営んでいます。地域は様々な人的なつながりやハコモノである建物を拠点となり、一人ひとりが生活の主体者として過ごしています。実習先も同様に、社会福祉、教育、保育における地域の専門的な拠点であり無くてはならない存在となっています。

2．地域にある資源を知る―地域にあるもの、住んでいる人々を知る

　地域にある資源とは、「人的資源、物的資源、各種制度、資金・顕在化した資源、潜在的な資源、フォーマルな資源、インフォーマルな資源」[1]を示し、地域にある生活を営むうえで必要な資源のことを指します。

　実習先もまた地域の資源の一つであり、それを地域に住む人々が利用しています。また実習施設は、他の保育所、幼稚園、学校、病院、社会福祉施設など、様々な専門機関や専門職とつながり、そこで働く人々だけではなく子どもや利用者とともに、利用しています。地域を知る上でその資源の位置情報を作成することはとても良い学びとなります。

3．地域の資源マップとその作成について

　地域の資源マップは「つくる」ことが目標ではなく、「つくるプロセス」が大切です。この過程で、対象となる地域を把握し、完成したマップの活用をイメージしながら、地域の関係機関、地域環境が効果的に利用されるように作成することを目指しています。つまり実習に行く上で事前に、実習先がどのような環境の中で運営されているのかを把握することはもちろんのこと、施設を俯瞰することで、自分自身を客観的に見る力を養うことにもつながっています。

(1) 地域の資源マップを作成する上で大切なこと
　Point 1　自分中心に描かず、「案内される人の立場で描く」
　Point 2　地域の資源マップを手にする人は土地勘がないことを想定する

---

[1] 橋本真紀（2014）「保育園（所）・幼稚園における他機関、地域資源との連携―予防的支援の観点から」京都市子育て支援総合センターこどもみらい館：第6回共同機構研修会，平成26年11月21日

Point 3　自分が初めて歩いた時に、目印にしたものを描き込む

　　　　　（公共機関・交差点名・幹線道路名・店など撤去されにくいもの）

（2）基本的な地図の書き方（下記の地図は架空の地域です）

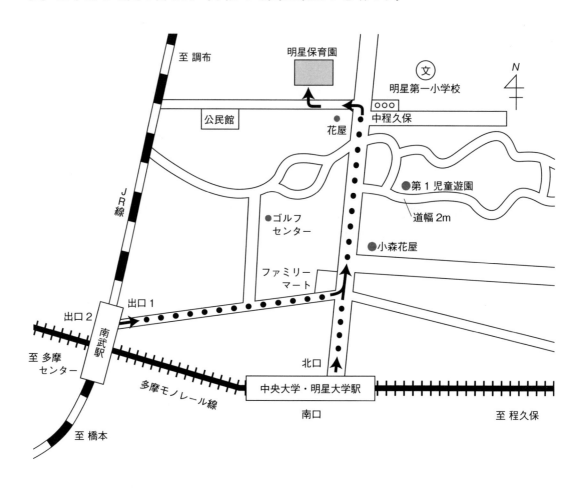

　次の1～10に沿って地図を書いてみましょう。

1.	駅などで複数の出入り口がある場合は、「北口」、「南口」などと明記する。
2.	線路や道路の端には、○○より（自○○）、××へ（至××）と方向がわかるように表示をする。
3.	道路のカーブはそのカーブ自体が目印となるため極力省略しない。
4.	交差点は信号の有無と交差点名を表示し、交差点付近には必ず目標物を入れる。
5.	看板や目立つお店などを目標物として描きいれる（多すぎると逆効果になるのでバランスを）
6.	曲がり角や複数の行き道がある場合、道順を矢印で表記する。
7.	歩く方向に沿って描く。
8.	北が上という決まりにこだわらない。ただし方位を入れる。
9.	道路の幅を「4車線道路」「2車線道路」等、車線数により2～3種類で書き分ける。重要な道には「遊歩道」や「道幅2ｍ位の路地」など、詳細な表現をする。
10.	地図記号、鉄道や駅、交差点、郵便局などの書き方のルールを守る。

第4節　流行性疾病について

　幼稚園・保育所・施設などの乳幼児が長時間にわたり集団で生活する場所では、一人一人のどもと集団全体の両方について健康と安全を確保する必要があり、インフルエンザ、麻疹（はしか）、感染性胃腸炎、百日咳、手足口病などの流行性疾病に対して、厳重な蔓延防止策をが求められます。感染症を正しく理解し、感染予防のための適切な対応ができるようにしておきましょう。

　保育所において、子どもの健康増進や疾病などへの対応と予防は、保育所保育指針に基づき行われています。なお、文部科学省、厚生労働省のホームページでは、麻疹（はしか）・風疹の予防接種を受けることを呼びかける内容が記載されています。実習園から連絡票などで、実習園（施設）や、所轄自治体から抗体検査などを求められた場合は、その指示に従ってください。感染症については、以下の参考条文を確認してください。

＜参考＞

＊学校感染症の種類（学校保健安全法施行規則第18条）

第一種感染症	エボラ出血熱、クリミア・コンゴ出血熱、痘そう、南米出血熱、ペスト、マールブルグ病、ラッサ熱、急性灰白髄炎（ポリオ）、ジフテリア、重症急性呼吸器症候群（病原体がSARS（サーズ）コロナウィルスであるものに限る）、中東呼吸器症候群（病原体がMERSコロナウィルスであるものに限る）、鳥インフルエンザ（病原体がインフルエンザウィルスA属インフルエンザAウィルスであってはその血清亜型がH5N1であるものに限る）
第二種感染症	インフルエンザ（鳥インフルエンザ（H5N1）を除く）、百日咳、麻疹、流行性耳下腺炎（おたふくかぜ）、風疹、水痘（みずぼうそう）、咽頭結膜熱（プール熱）、結核、髄膜炎菌性髄膜炎
第三種感染症	コレラ、細菌性赤痢、腸管出血性大腸菌感染症、腸チフス、パラチフス、流行性角結膜炎、急性出血性結膜炎その他の感染症＊この他に条件によっては出席停止の措置が必要と考えられる疾患として、溶連菌感染症ウィルス性肝炎、手足口病、伝染性紅斑（りんご病）、ヘルパンギーナ、マイコプラズマ感染症、流行性嘔吐下痢症、アタマジラミ、水いぼ（伝染性軟属腫）、伝染性膿痂疹（とびひ）

＊出席停止の期間

　　○第一種の感染症…完全に治癒するまで

　　○第二種の感染症…病状により学校医その他の医師において感染のおそれがないと認めたときは、この限りではありません。

インフルエンザ ※鳥インフルエンザ（H5N1）及び新型インフルエンザ等感染症を除く	発症した後5日を経過し、かつ、解熱した後2日（幼児にあっては、3日）を経過するまで 百日咳 特有の咳が消失するまで又は5日間の適正な抗菌性物質製剤に よる治療が終了するまで
百日咳	特有の咳が消失するまで又は5日間の適正な抗菌性物質製剤に よる治療が終了するまで
麻しん	熱後3日を経過するまで

流行性耳下腺炎（おたふくかぜ）	耳下腺、顎下腺又は舌下腺の腫脹が発現した後5日を経過し、かつ、全身症状が良好になるまで
風疹	発疹が消失するまで
水痘	全ての発疹が痂疲化するまで
咽頭結膜熱（プール熱）	主要症状が消退した後2日を経過するまで
結核	病状により学校医その他の医師において感染のおそれがないと認めるまで
髄膜炎菌性髄膜炎	病状により学校医その他の医師において感染のおそれがないと認めるまで

○第三種の感染症・・・病状により学校医その他の医師において感染のおそれがないと認めるまで

○その他の場合

・第一種もしくは第二種の感染症患者のある家に居住する者、またはこれらの感染症にかかっている疑いがある者については、学校医その他の医師において感染のおそれがないと認めるまで

・第一種又は第二種の感染症が発生した地域から通学する者については、その発生状況により必要と認めたとき、学校医の意見を聞いて適当と認める期間

・第一種又は第二種の感染症の流行地を旅行した者については、その状況により必要と認めたとき、学校医の意見を聞いて適当と認める期間

＜学校保健安全法に定める感染病以外に発病例の多い病気＞

病　名	潜伏期間	症　状	登園の目安
溶連菌感染症	1〜7日	咽頭痛、舌はイチゴのようにブツブツ赤くなる	抗菌薬内服後24〜48時間経過していること
マイコプラズマ肺炎	14〜21日	ひどい咳、風邪症状	発熱や激しい咳が治まっていること
手足口病	2〜6日	手足の発疹、口内疹	発熱や口腔内の水泡・潰瘍の影響がなく、普段の食事がとれること
伝染性紅斑（りんご病）	1〜2週間	四肢にレース状、地図状の紅斑	全身状態が良いこと
ウイルス性胃腸炎（ノロ、ロタ、アデノウイルス）	1〜3日	嘔吐、クリーム色・白色の下痢	嘔吐・下痢等の症状が治まり、普段の食事がとれること
ヘルパンギーナ	2〜6日	高熱、口のまわりのヘルペス様水泡	発熱や口腔内の水泡・潰瘍の影響がなく、普段の食事がとれること
RSウイルス感染症	2〜8日	咳、発熱、鼻水	呼吸器症状が消失し、全身状態が良いこと
帯状疱疹	2〜3週間	丘疹、水泡	全ての発疹が痂皮化してから

　上記、学校保健安全法施行規則にあげられている感染症、また以外に発病例の多い病

気、また、それ以外に、注意とされている感染症があります。保育所における感染症対策ガイドラインでは、感染症の三大要因を「○病原体を輩出する「感染源」　○病原体が人、動物などに伝播する（伝わり、広まる）ための「感染経路」　○病原体に対する「感受性」が存在する人、動物などの宿主」としています。

　また典型的な症状があり感染症に罹患していると医師から診断されていなくても、明らかな症状がみられない不顕性感染者や症状が軽く医療機関を受診しない軽症者、典型的な症状が出現する前の段階でも病原体に取り組んでいくことが重要になります。

　さらに、世界的な流行となっている新型コロナウィルス感染のように、今後も、これまで発生したことがない新しい感染症が国内に侵入・流行することも考えられます。集団感染の共通点は、特に、「換気が悪く」、「人が密に集まって過ごすような空間」、「不特定多数の人が接触するおそれが高い場所」です。自覚症状がなくても、感染症が流行っている場合は、換気が悪く、人が密に集まって過ごすような空間に集団にで集まることを避けることと、咳エチケットや手洗いなどの実施がとても重要です。風邪症状があれば、外出を控えること、やむを得ず外出する場合はにはマスクを着用することなど、各自で自己管理しましょう。

　＜自分自身の既往症について＞

*実習前に調べて記入しておきましょう。

病名	既往		確認の方法 確認書類	備考
	かかった	予防接種をうけた		
麻疹	年　　月	年　　月	年　　月	年　　月
風疹	年　　月	年　　月	年　　月	年　　月
水痘	年　　月	年　　月	年　　月	年　　月
流行耳下腺炎	年　　月	年　　月	年　　月	年　　月

*ワクチン未接種の場合は、実習前に受けておくこと！

◎上記、学校保健安全法施行規則にあげられている感染症、また以外に発病例の多い病気、またそれ以外に、注意が必要とされている感染症があります。思い当たる症状がある場合には、実習前、実習中にかかわらず、必ず、教職センター、保育実習準備室、実習園（施設）の方針に従ってください。（自己判断で動かないようにしてください。）

註　新型コロナウィルス感染症は新型インフルエンザとはウィルスも病態も異なる感染症であることから、新型インフルエンザなど対策政府行動計画（平成25年6月7日閣議決定）などの既存の計画を参考にしつつも、柔軟に対策を選択していく必要があるが、政府としては、地方公共団体、医療関係者、専門家、事業者を含む国民の意見をくみ取りつつ、協力して直ちに対策を進めていくこととする。(厚生労働省ホームページ　新型コロナウィルス感染症対策の基本的対策方針　令和2年3月28日新型コロナウィルス感染症対策本部決定)

しゅりけん （折り紙２枚使用）

①半分に折る

②一度開き、真ん中にできた折り線まで図のように折る

③さらに半分に折る

④横に半分に折り、折り線をつける

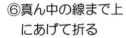

⑤図のように、両端を三角に折る

⑥真ん中の線まで上にあげて折る

⑦真ん中の線まで上にあげて折る

⑧ ④まで同じものをもう一枚折る

⑨ ⑤からは、反対の方向に三角に折る

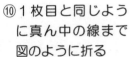

⑩１枚目と同じように真ん中の線まで図のように折る

⑪パーツのできあがり

１枚目　２枚目

注：同じ向きにならないように

⑫ １枚目の裏に２枚目を裏返して図のように重ねる

⑬ 矢印の方向に折り中に入れる（裏側も同じ）

できあがり

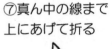
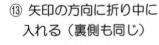

楽しむ教材１　折り紙―しゅりけん

第5節　個人情報

　個人情報は、「個人情報の保護に関する法律」（2005年全面施行）により、個人情報を扱う国・地方公共団体（都道府県や市町村）および民間の事業者（幼稚園・保育所・児童福祉施設・学校などの公共機関も含め）に対し、取り扱いについて定められています。

　保育者の職業上の倫理として、個人情報の保護は、重要な課題です。保育士の倫理に関する「全国保育士会倫理綱領」の4. では、「プライバシーの保護」として「私たちは、一人ひとりのプライバシーを保護するため、保育を通して知りえた個人の情報や秘密を守ります」とうたっています。

　また法規上でも、児童福祉法第18条の22で、「保育士は、正当な理由がなく、その業務に関して知り得た人の秘密を漏らしてはならない。保育士でなくなった後においても、同様とする」とあり、違反した場合は、児童福祉法第61条の2により、漏らされたと訴えられると「違反した者は、一年以下の懲役又は五十万円以下の罰金」に処されます。

　幼稚園と保育所の公務員である保育者については、地方公務員法34条の「秘密を守る義務」として、「職員は、職務上知り得た秘密を漏らしてはならない。その職を退いた後も、また、同様とする」とあり、違反した場合は、地方公務員法60条により「一年以下の懲役又は五十万円以下の罰金」に処されます。

　それでは、法律でいう「個人情報」とは何でしょうか。それは、「生存する個人に関する情報」のことです。法律ではその中身を次のように説明しています。

　その「情報に含まれる氏名、生年月日その他の記述等（文書、図画若しくは電磁的記録で作られる記録に記載され、若しくは記録され、又は音声、動作その他の方法を用いて表された一切の事項）により特定の個人を識別することができるもの」としています。

　したがって、紙に書かれた文字や図画、コンピュータやネット上、あらゆるメディアに掲載されることにより、生きている個人を特定できる情報は、すべて個人情報として保護されることになります。

　個人情報保護の義務に対し、違反した例を挙げておきます[1]。

　2018年×月×日、市立保育園の職員が園児の名前などのデータが入ったＵＳＢを紛失していた。ＵＳＢには園児17人分の名前のほか、昨年度の活動写真40枚などのデータが入っていました。市では業務に関わるデータの持ち出しを禁止していますが、この保育士は自宅にＵＳＢを持ち帰っており、5月28日に紛失に気付きました。保育士は、保育計画の提出期限に間に合わせるために持ち帰ったと話しているといいます。今のところ情報の流出は確認されていません。

　過去同様の事件が発生した場合、教員や保育士は、戒告の処分を受けていることが多く報告されています。

---

[1] 奈良テレビ NEWS より2018年6月1日（金）19時00分 http://www.naratv.co.jp/news/20180601/20180601-04.html より

この義務は、保育者になってから課せられるのではなく、実習生やボランティアとして園で活動する人もすべて義務が課せられています。

　そのため実習やボランティアに際し、「誓約書」に「守秘義務の遵守」を誓約していただいています。さらに実習園・施設によっては、公的機関や園・施設から「個人情報保護に関する誓約書」など書類の提出を求められますので、その趣旨を十分に理解して、誓約してください。

　個人情報はいったん流失しますと、ほぼ永久的に拡散し、消去することはほぼ不可能と考えたほうが良いくらいです。SNSのアプリでシステム的に消去できているように見えて、SNSのシステムを管理しているコンピューター（コンピューター・サーバーなど）に残っている場合があります。

　流失した個人情報を不正に獲得した人物・組織から得た善意の第三者[2]によって利用されることにより、子どもたちの身に危険が及ぶ可能性があります。保育に関係する人は、そのことを肝に銘じて、個人情報の保護が子どもの命を守ることにつながるということを念頭において実習にあたって欲しいものと思います。

---

[2] ここで言う善意の第三者とは、情報を流失した人（セキュリティの意識がないままデータを保管していた）と情報を不正に得た人（データを保管していたパソコンに侵入した）に対し、保管していた個人情報を不正に得たという関係を知らずにその情報を得た人のことをさす。法律上は、「善意」というのは「知らない」ということを指しており、良い人というニュアンスではない。

学びを日誌に記録する

第1節　日誌の書き方

1.　実習日誌をなぜ書くのか

　実習日誌は、毎日、実習生が書く記録です。実習では毎日、その日の実習が終わった後、出来事、子どもの様子、保育者の働きかけ、自分の関わりについて振り返ります。そして子どもの行動や気持ちとはどうだったか、保育者の保育の意図は何かを考察することと、自分の関わり方はどうであったのか、自分の行動や感情を省察していくことで次の実習につながります。そのためのツールとして実習日誌は重要なものとなります。また2週間～1か月という短い実習期間だからこそ、丁寧に書く必要があります。

2.　実習日誌の形式と内容

(1) 実習日誌の様々な形式

　実習日誌の形式は養成校によって異なりますが、何を記録するかは共通しています。本章では主に良く実習で使用されている日誌の形式について簡単に説明しています。なお具体的な記載内容は、第3章第2節から説明されているので、見て学んでみましょう。

①1日の生活の流れを記載する記録

　この記録は現在、実習日誌の形式として多く普及している書式です。下記の表1はその一例です。1日の生活の流れに沿って、登園、昼食といった項目に分けて記載します。この記録の特徴は、時間と項目に沿って子どもの活動（姿）、保育者の援助・留意点、実習生の動き・気づきを書き分けるため、観察する視点が明確になります。

表1：実習日誌の一例

月　　日（　）	天候	歳児　クラス	男児　名　女児　名　合計　名　欠席　名		
本日の実習の目標 実習生が主語。実習生にとって本日の実習の課題・目標を記載				備考 準備することや注意することを記載	
時間	環境構成・子どもの活動		保育者の援助・留意点	実習生の動き（・）・気づき（△）	
	環境構成	子どもの活動	保育者が主語。 保育者の実際の援助、姿とその行為の意図や意味を記載。	実習生が主語 実習生が気づいたこと、学んだこと、思ったこと、感じたこと、実習生の姿や動きを記載	
	子ども、保育者が行った環境構成を図や文字で書く	子どもが主語。子どもの姿を記載。 ①一日の流れを登園から降園までを書く（一日の流れの日誌） ②ある時間の内容を取り上げて詳細に書く（エピソード記録）			

本日の実習から学んだこと

・本日の実習全体を通して実習生が気づいたこと、学んだこと、感想や反省を記載する。
・実習担当者からのアドバイスを受けた内容、そしてそれを受けて考えたことを記載する。

②エピソードを記載する記録

　この記録は、具体的に子どもや保育士の姿を捉えて記載します。①と異なるのは、子ども、保育者、実習生と対象者ごとに書き分けるのではなく、1つのエピソードとして子ども―保育者、子ども―実習生のやり取りを具体的に記述します。これはつぶやき、表情、目線、発せられた言葉などを客観的に記録し、そのエピソードに対して実習生がどのように読み取り、どのような気持ちで関わったのかを主観を交えて記載します。

③ドキュメンテーション型の記録

　これまでの実習記録は文章だけで記述される形式でしたが、近年は、写真等を利用して記録される形式（ドキュメンテーション型）が一部の養成校と園で取り入れられ始めています。この形式は実習生が園から貸し出されたカメラで写真撮影を行い、その場面で子どもが発した言葉や活動の様子をメモすることで、具体的にわかりすい記録にすることができるという利点があります。

（2）本日の実習の目標

　これは毎日の実習に入る前までに記載しておきましょう。この目標があるからこそ毎日の実習で何を見るのか、学ぶのかを焦点を明らかにしておくことで実習日誌を書く時に役立ちます。

図1：実習中の実習目標の立て方

①大学の講義で学んだこと

全体の実習目標の例：生活場面から子ども一人に合わせた働きかけについて学ぶ

②実習の段階（観察実習／参加実習／部分実習・責任実習）に応じた実習課題

③前日の日誌の「本日の実習から学んだこと」「実習先の担当者からのコメント」から得た視点、朝・夕方の打ち合わせや反省会での指導を生かす

今日の実習の目標

実習を行う中で実習段階および自分の学びに応じて、より深く実習課題を深めていくことが必要です。表2に2週間～4週間の実習の実習課題の例を提示しました。

表2：実習段階に応じた実習課題の例

実習段階	実習課題の例
観察実習	○園・施設の一日の生活の流れを知る。 ○子ども・利用者の特性や保育者・職員の援助について学ぶ。 ○保育の準備や園内外の保育環境を知り、保育者の仕事について学ぶ。
参加実習	○子ども・利用者の生活場面に参加し保育者・職員の関りについて学ぶ。 ○子ども・利用者一人ひとりの興味関心を知り、個々に合わせた言葉かけや援助を学ぶ。
部分実習	○子ども・利用者が生活しやすい環境設定や環境整備について学ぶ。 ○子ども・利用者一人ひとりの反応や興味関心を理解し関わる。 ○保育者・職員間の連携について学ぶ。
責任実習	○1日の保育の流れについて見通しを持ち、活動にメリハリをつけて関わる。 ○子育て支援や地域支援など、園・施設内で取り組んでいる活動について学ぶ。

(3) 子ども（利用者）の活動

　各年齢の子ども、施設の利用者の一日の生活の流れを参考に記入して記載します。子ども、利用者が主語になります。またその日の実習目標に合わせて、子ども、利用者の様子を具体的に記入しましょう。さらに一人ひとりの子ども、対象者の変化や集団の動きを丁寧に記述することで子ども・対象者理解につながります。

> ○一人一人の遊びや活動への取り組みの様子
> ○子ども同士、利用者同士の関係はどうだったか
> ○生活習慣に関してはどのような様子か

(4) 保育者（職員）の援助・留意点

　保育者や職員はどのように子どもや利用者と関わっていたか、保育や業務の内容は何かを記載します。さらに保育者や職員が子ども、対象者と関わる際に、どのような意図・配慮を持って援助しているのかを書きます。

> ○保育者、職員はどのような援助をしていたのか
> ○保育者、職員はどのような業務を行っていたのか

(5) 実習生の動き・気づき

　実習生自身が子ども、利用者に対してどのような働きかけ、また配慮を行ったのかを記録します。その時にさらに感じたこと、気づいたこと、考えたことを記載すると、次の日に生かす課題を明らかにすることができます。

> ○子ども（利用者）と保育者（職員）との関わりの中で、どのように働きかけを行っていたか
> ○子ども（利用者）の要求にどのように応え、援助していたか

3. 実習日誌を書く上で守ること

(1) 実習日誌の提出は必ず提出期日・提出場所を守りましょう

　実習日誌は毎日書き、次の日に必ず提出をすることが必須です。オリエンテーション時に提出期日と場所（もしくは担当者）を事前に確認し、毎日遅れずに提出をしましょう。

(2) 実習日誌は黒ペンで丁寧に記述しましょう

　実習日誌は鉛筆で下書き（別紙で下書きも可）し、黒ペンで清書した記録を提出しましょう。鉛筆で下書きをした後、黒ペンで上からなぞり、ペンが乾いてから消しゴムで下書きを消しましょう。消すことができるペンの使用はできません。また黒ペン記載した文書

を修正する場合は、修正テープ、修正液、訂正印を押す方法がありますので、事前に担当者に確認をしておきましょう。

（3）文章を書く上で文章の書き方に注意しましょう

1）５Ｗ１Ｈで記述する

５Ｗ１Ｈ	記述する内容
① Who（誰が）	子ども・保育者・職員・実習生のうち誰が行っていますか。
② When（いつ）	どの時間に行っていますか。
③ Where（どこで）	施設内外のどこで行っていますか。
④ What（何を）	何を行っていますか（遊び・食事・排泄・ケンカ・会議）
⑤ Why（なぜ）	なぜその行為が行われているのでしょうか。
⑥ How（どのような）	どのような行為・行動・言葉がありますか。

　５Ｗ１Ｈがないと的確な事実が伝わらず、実習担当者から適切な指導を受けることにつながらないこと、

2）「〜させる」や保育者を否定する書き方はせず、保育者、職員の援助の意図を読み取って書きましょう。

　保育者は○○を椅子に座らせた。→椅子に座るよう働きかけた。

　保育者は大きな声で○○に怒った。→はっきりとした口調で○○に説諭した。

学籍番号（　　　　　　　　　）　実習生氏名（　　　　　　　　　　　　　　　　　　　　　）

9月4日（金）	天候　晴れ	0歳児　おひさま　組	男児 6名　　女児 3名　　合計 9名　　欠席 0名	

本日の実習の目標	備考
・0歳児の1日の生活がどのように保育者に支えられながら、保育がされているのかを学ぶ。 ・子ども一人ひとりに対して言葉かけや援助が子どもたちの安心感になっているかを学ぶ。	

時間	環境構成・子どもの活動		保育者の援助・留意点	実習生の動き（・）・気づき（△）
	環境構成	子どもの活動		
7:00 8:30	保育室 部屋の配置図 など。	登園 ・順次登園する。 ・保護者に検温をしてもらう。 好きな遊び ・保育室のあるおもちゃで思い思いの好きな遊びをする。 ・わらべ歌に対して歌を聴きながら保育者の顔を見て「あー、あー」と声をあげる。 排泄 ・おむつ交換をしてもらう。	・子どもを受け入れる。視診。 ・保護者と挨拶を交わし、連絡帳を受け取る。保護者と会話をし、一人ひとりの子どもに声をかけ、状況に応じて抱っこ等で受け入れる。 ・子どもの遊びを見守ったり、また、膝の上にのせて、わらべうたを歌う。（ちょちちょちあわわ） ・子どもたちの遊んでいる様子を見守りながら、時折言葉をかける。 ・おむつ交換時、「おしっこでたね、きれいきれいしようね」と声をかけながらおむつを替える。（登園時間に応じておむつを替える）	・手を洗いペーパータオルで拭く。 ・保育者から離乳食とミルク、アレルギーがある子について配慮留意点を教えていただく。 ・おもちゃで遊んでいるYちゃんに「なにしてあそんでるのかな？」と声をかける。子どもたちが遊んでいる様子を少し離れて見守る。絵本の興味を示している子に絵本を読み聞かせる。 ・Yちゃんのおむつが濡れているのを確認する。
8:50 9:15 10:00	排泄の場所（配置の場所の図） おやつの椅子の配置図など。 散歩（公園） 散歩コースを図にする。	おやつ ・保育者や実習生に誘導され、自分の席につく。エプロンを付けてもらう、タオルで手を拭いてもらう。 ・おやつを食べる。（おせんべい・麦茶） 「ウー、ウー」と嬉しそうに声を上げる子がいる。 散歩 ・保育者や実習生に抱っこされ、バギーのある場所まで行く。 ・バギーに乗る ・散歩に行く。 途中、Hちゃん、Rくん、Tくん、"セミ"だよ」「ほらせみだよ、きれいな羽してるよ」保育者の言葉に"セミ"を見る。	・子どもの名前がついたトレーごとにおやつを配膳して準備をする。 ・子どもに一人ずつ声をかけてつけながら手を拭く。 ・一人ひとりの食べ方に合わせて、おせんべいを食べやすいように割る。 ・子どもたちに「今日はおさんぽに行くよ」と話す。散歩に必要な物を入れたリックを用意する。 ・子どもたちを抱っこして、バギーまで連れていく。 ・バギーを動かしながら、「お外暑いけど気持ちいいね」と声をかける。	・おむつの変え方を教えていただき、Yちゃんのおむつを交換する。 ・おやつだからおかたづけしようか」と子どもたちに声をかけて一緒に片づける。 ・おやつの準備を保育者と行う。 ・子どもたちに「エプロンつけるね」といい、エプロンをつける。次に、手を「おててふこうね」といい、手を拭く。 ・保育者の指示に従い、バギーの用意し、次にYちゃんを抱っこしてバギーに乗せる。 △子どもたちは見せる姿をよく観察して一人ひとりに言葉かけをすることが重要だと気づいた。

本日の実習から学んだこと

＜寄り添う＞

　今日は、信頼や安心感を築くために先生方はどのように子どもたちに寄り添っているのかを学びました。朝、登園してくる時間帯に先生から子どもたち一人ひとりの離乳食の状況や、ミルクの量や何を使ってミルクを飲むか、どのような種類のミルクなのか、また食物アレルギー児についての情報も教えていただきました。子どもたち一人ひとりについてとても細かく様々なことが決められていることがわかりました。家庭での様子について連絡帳などを通して一人ひとりの様子や情報も共有されていることも知りました。乳児の豊かな育ちを支援するためには、家庭との連携はとても大切になってくることが分かりました。一人ひとりの子どもに寄り添っていて、子どもたちも先生の言葉かけに対して反応して甘えたり、声を自然に発したりして、そばにいる先生方に安心している姿をたくさん見ることができました。

＜言葉が出る前の子どもへの言葉かけ＞

　保育者の言葉かけに注目してみると、子どもの気持ちに寄り添いながら、受け止め、そして、思いを代弁しながら、共感している様子がうかがえました。朝の受け入れ、おやつ、排泄などの生活面では、子どもたちの養護で、してあげることに対して、常に言葉を先に「これから○○するからね〜」など伝えてから、世話をしていました。また、散歩では、偶然、保育者のリュックにとまった"セミ"を見つけたことから、子どもたちに"セミ"を見せ、「ほらセミだよ、羽、見て、きれいだね」と興味が湧いてくるように言葉かけをしていました。子どもたちもすぐに反応していて、Hちゃんは、手を伸ばして興味を示していました。子どもたちは、このようなかけがえのない経験を積み重ねながら、成長していくのだなと思いました。

◆日誌の視点・トピックの解説・捉え方・課題

＜子どもに寄り添うとは＞

　実習の目標にあるように、「０歳児の子ども一人ひとりに対して言葉かけや援助が子どもたちの安心感になっているか」のテーマから、特に信頼や安心感を築くために先生方はどのように子どもたちに寄り添っているのかを視点として、保育者の援助、実習生の気づきを記録しています。視点を明確にして観察し記録をすることで学びがより深まります。保育者の動きの記録として、時系列の中で、子どもへのかかわる援助の仕方、一人ひとりの子どもへの言葉のかけ方の記録から、保育者の子どもへの援助が見えてきます。子どもからの様々な発信に対しても、保育者がその発信を受け止め、日々の保護や援助等の世話を通して、語りかけ、そしてコミュニケーションを繰り返していくことで安心感になっていきます。一人ひとりの思いを受け止めて、子どもに関わり援助、対応することが子どもに寄り添うことの理解として捉え、記録を通し学んだことの視点に反映した記録となるでしょう。

◆発展的課題

＜一人ひとりへの配慮・援助＞

　０歳児の子どもたちは、特に月齢による発達の違いがあります。また、なんでもやってみようとする子や、慎重な子など個性もさまざまです。この時期の子どもたち一人ひとりの見せる姿をよく観察することが大切です。日誌にもあるように、散歩先でセミを見つけ、保育者が子どもたちに「セミだよ、ほら見てごらん。」と言葉かけてセミを見せたとき、子どもたちの反応は一人ひとり違います。保育者は言葉かけに応じセミに興味を示した子どもにセミを見せて生命の不思議に共感したり、逆に嫌がる子どもには無理に近寄らせず友だちの姿が遠目に見えるように配慮したり、個に応じた言葉かけや働きかけを行っています。

＜安心できる大人との関係＞

　乳児期には特に、保育者は、子どもに優しく語りかけ、目と目を合わせ表情を読み取りながら子どもの要求を汲み取り応じることが大切です。子どものしぐさや表情に応じ、応答的なかかわりにより、子どもは信頼感が芽生えと情緒の安定につながります。保育者は一人ひとりの子どものペースに合わせて、ゆったりと、丁寧にかかわり、そうすることによって、子ともにとって安心できる存在となります。特定の大人とのしっかりとした信頼関係を作ることは、よく食べ、よく寝る、よく遊ぶことに繋がります。

● 用語の解説 ●

【人見知り】

　６〜８か月頃から「人見知り（８か月不安）も始まります。よく見知っている人には微笑み、自分から声を出してよびかけます。見知らぬ人には不安や警戒を示します。見知らぬ人に声をかけられて泣き出す姿があります。見知っている人と見知らぬ人と識別しているといえるのです。

　特定の人に対して「愛着（アタッチメント）」がはっきり向けられるようになってきたということです。愛着のある人に対する「分離不安」も10か月頃から１歳前半にかけて強まっていき、大好きな母親や保育者の姿が見えないと大泣きして探すようになります。

【スキンシップ】

　優しく抱っこしたり、おんぶをしたりまた、膝に抱いて絵本や、わらべ歌遊びなどを通してあやしたら触れ合うことでより安心感が持て信頼関係づくりにつながります。

　この時期は、甘えや子どもの発した気持ちをしっかりと受け止めることが重要です。

　スキンシップにより愛情ホルモン（オキシトシン）が分泌され、幸せを感じやすくなり・人間関係が良好になりやすいともいわれています。

| 学籍番号（　　　　　　　　　　） | | 実習生氏名（　　　　　　　　　　　　　　　　　　　　） | | |

| 9月7日（火） | 天候　晴れ | 1歳児　ちゅうりっぷ　組 | 男児 5名　　女児 6名　　合計 11名　　欠席 0名 |

本日の実習の目標
・1歳児の子どもが自分の力で身の回りのことをどれくらいできるのか学ぶ。
・場面に応じた適切な言葉かけを学ぶ。

備考

時間	環境構成・子どもの活動		保育者の援助・留意点	実習生の動き（・）・気づき（△）
	環境構成	子どもの活動	・子どもたちを受け入れる。 ・視診をして、子どもの安全面に気を付けながら、遊びの様子を見守ったりまた一緒に遊ぶ。 ・子どもに寄り添う。	△保護者と子どもが離れる際に、自分から遊びを見つけられる子もいるが、離れがたそうにしている子がいる。ずっと、部屋の入り口付近で泣きそうな顔をしている子に対して、抱っこをしていいのか、それともと、考えてしまって、関係性がないのにと思ってしまったので、気持ちを受け止めて、遊びに気持ちが向けられるように考え、誘い掛ける言葉かけをしたが対応の難しさを感じた。
7:00 8:30 登園 自由 遊び 9:30	保育室 遊具設定の図	登園 ・クラス保育 好きな遊び ・絵本・パズル・積木・ブロックおままごとなど好きな遊びをする。 ・Aくん、ブロックをつなげて、電車に見立てて「レッツゴー」と言って遊ぶ。 ・トラブル―おままごとコーナーでBちゃんが布製のキャンディーをプラスチックの箱に入れたり出したりして遊んでいる。そこにCちゃんが来て黙って布製のキャンディーをとる。また、Bちゃんが取り戻そうと思いCちゃんの腕を引っ張る。Cちゃんも手を出して、Bちゃんの腕をかみつく。	・一人一人の遊びを把握し、遊びを見守っている。子どもの遊びに合わせて、言葉かけをしている。 ・Bちゃんの泣いていることに気づき、Cちゃんに「ダメでしょう。かんじゃったの。ごめんねしようね」という。Bちゃん、Cちゃん二人に対応する。 ・Bちゃんの腕のかみつかれたところを冷たくしたタオルで冷やす。	・保育者の指示を受けて、Bちゃんの腕を冷やす。
9:30		片づけ	・再度、一人一ひとりの遊びに気を配り、遊びを見守り、必要に応じて、遊ぶ。 ・保育者同士連携して、片づけに移るよう子どもたちに声をかける。	・「なるべく子どもたちの遊びを見守り、怪我や危険がないように見てください」と指示があり、子どもの遊びの様子をよく見る。
9:45	排泄の場所等の図	排泄 高月齢児はトイレで排泄する。 パンツやズボンをはこうとする。 低月齢児はおむつ交換をしてもらう。	・「おしっこでるひといるかな」と声をかける。全体に言葉をかけながら、おやつ前に排泄をしていない子に促す。	・トイレにいく子どもに付き添う。 ・パンツやズボンをはく援助をする。 ・低月齢のこどものおむつを替える。
10:00	園庭の環境図を記入	戸外遊び ・保育者の言葉かけに応じて、帽子をかぶり、園庭に出る準備をする。 ・園庭に出て好きな遊びをする。 ・Dちゃん、Eちゃんはすべり台、他の子は砂場でシャベル、コップ、型抜きなど使って遊ぶ。	・保育者は一人は戸外に出て、もう一人は次の流れの準備（園庭から入室するときの着替えの準備）をする。 ・安全に遊べるよう見守り、一緒に遊ぶ。 ・砂場にて、「Fくんのケーキおいしそう」「お砂サラサラだね」「おみずもってこようかな」など言葉をかける。	△保育士同士、複数担任の役割がはっきりしていて、同じ動きをしないよう役割分担がされていた。連携がとれていて、子どもたちを待たせないようにされていて、生活が流れていることを感じた。

本日の実習から学んだこと

＜場面に応じた適切な言葉かけ＞

「おしっこ出る人いるかな」「おやつ食べる人いるかな、」「おひるごはんだからおかたづけしようね」など、保育者の方々は、次の楽しみや、生活の流れが1歳児なりにわかるように伝えて、自分で行動を起こせる言葉かけをされていることを学びました。先生方はごく自然に何気なく言葉をかけていっているよう思いましたが、どの場面に於いても子どもたちの主体性を尊重する言葉かけであることが理解でき"すごい"と思いました。できないことが多い1歳児の気持ちを理解し言葉かけをする必要があると思いました。

＜かみつきについて＞

おままごとコーナーのそばにいたのに、BちゃんとCちゃんの取り合いを予測できなかったことも反省しています。自由遊びでは、玩具の数も限られていて、また、朝、登園順にそれぞれ遊びに入っていた時間帯なので、注意して見守っていかなくてはいけなかったと思いました。また、数があっても、友達の玩具が欲しい、遊びたいという気持ちがあるのが1歳児なので、その特徴をしっかり押さえたうえで、保育をしていかないといけないことを学びました。一緒に遊びたい、面白そうなどの気持ちと、うまく言えないところで、言葉の代弁も必要であることを学びました。トラブルのあとの対応として、保育者の方は、二人に対して、ゆっくり話をして、Bちゃん、Cちゃんに「どうしたのか」と「ごめんね、しようね」と対応していたこともとても学ぶものがありました。1歳児は自分の気持ちを伝えられないため、大人が入り、気持ちの代弁をしてあげるのは子どもの成長のためにも大切であることを身をもって感じました。

◆日誌の視点・トピックの解説・捉え方・課題
<かみつき>

　子どもの同士のかみつきについては、０歳児の頃から見られます。一番多くみられるのは１歳児ごろから２歳ごろだと言われています。言葉の発達に伴い自分の思いを言葉を通して伝えられるようになってくる３歳児前後になると減っていきます。

　記録にあるように、１歳児の姿から、人や物への関心が強くなってくる時期で、特に友だちの遊びに興味をもち、遊びたい、そして言葉を使ってかかわろうとしますが、言いたいことをうまく使えられずに思いが先になり、"かみつき"、ひっかきなどの行為になってしまいます。自分の気持ちを「言葉にして伝えること」がまだうまくいかないのが１歳児です。このような発達の姿をよく観察し子どもを理解することがトラブル対応にもつながります。

<トラブルへの対応>

　子どもの遊びの場面では、保育者、実習生がその場の遊びや子ども同士の関わりを見守り、援助していても、突然に子ども同士のトラブルが起こり場合があります。記録にあるように、「そばにいたのに止められなかった。」と心を痛めることがあると思います。保育現場では、命にかかわるトラブル対応は未然に防ぐことが重要ですが、かみつきは１歳児なりの非言語的コミュニケーションでもありますので、保護者には年度当初に丁寧に説明し、かみつきをどう捉え子どもとどう関わっていくべきか一緒に考え合えるようにしておくとよいでしょう。子どもの様子を日々の送迎時に伝えたり、発達の見通しなどを丁寧に伝えることも大切です。記録の中に、保護者への対応等も記録することでより学びにつながるのではないでしょうか。

◆発展的課題

「場面に応じた適切な言葉かけを学ぶ」という目標課題は、重要な観察のテーマと言えます。保育者が一人ひとりの子どもの理解をどのように対応されているか、また、子どもへの言葉かけを通して、その子どもの内面をどう引き出そうとしているかが、観察の視点にもなるでしょう。

　かみつきの対応としては、受容しつつ共感する言葉かけが重要ですが、１歳児に対して、「もの」や「こと」をあいだにはさみ「間（ま）のある保育」をするということも重要です。おもちゃの取り合いをし始めた１歳児に園庭を指さして「おにいちゃんたちがボールで遊んでるね」などと、別の興味を引き出すことをはさんだり、噛んでしまった子どもに悲しそうな顔を一度見せてから「○○ちゃん痛かったよ」と伝えたり、噛まれた子・噛んだ子両方に共感しながら関わることが重要になるでしょう。

● 用語の解説

【かみつき】

　子どもがかみつく行為で、気持ちの表現がむずかしい乳児期に現れやすいのですが、すべての子どもに見られるわけでありません。自分の思いをうまく伝えられなくてかんだりいらだちを表現するためにかんだりします。また、愛情を試すように自分を噛むことがあります。子どもの思いを丁寧にすくいとって受け止めつつ、他者と関われるようにしていく支援が必要です。

トピック③　異年齢保育【保育所・3〜5歳児】

学籍番号（　　　　　　　　　　）　実習生氏名（　　　　　　　　　　　　　　　　　　　）

11月11日（火）	天候　晴れ	3〜5歳児　かぜのおうち組	男児 12名　女児 10名　合計 22名　欠席 2名

本日の実習の目標	備考
・保育士の場面に応じた言葉がけについて学ぶ。 ・3〜5歳児のそれぞれの年齢で好まれるあそびについて観察し、学ぶ。	

時間	環境構成・子どもの活動		保育者の援助・留意点	実習生の動き（・）・気づき（△）
	環境構成	子どもの活動		
8:45 9:00	室内がままごとコーナー、ブロックコーナー、絵本コーナーなどに分けられ、前日のあそびの様子から、保育士が遊具を選定して用意されている。	それぞれがあそびたいあそび（ままごと・ブロック・絵本など）であそぶ。 実習生と一緒にメモリーカードで絵合わせをしてあそぶ。あそびながら、昨日の夜の出来事を話し出す。 Aちゃん（5歳児）が制作コーナーで画用紙を丸く切って、お金を作り始める。 Bちゃん（3歳児）が「Bちゃんも、あれ、つくる〜。はさみ取ってください」と実習生に言う。ハサミを受け取り、画用紙を丸く切ろうとする。 まだ、連続切りはうまくできず角ばった大きめのものしか切れない。 Aちゃんが作ったものを手に取って見ながら、もう一つ作ろうとする。 二個目は少し切ったところで「やっぱりできないから、先生、切って」と実習生に差し出す。 Bちゃんは、満足そうに受け取り、自分の道具箱にそっとしまう。 Aちゃんは画用紙全部をお金にし、切りくずをごみ箱に捨てて、お店屋さんごっこをしているCちゃんのところへ行き、「お金作ってきたよ」と声をかける。	子どもを送ってきた保護者と会話し、家庭での様子を聞く。 子どもを視診し、いつもと違う様子はないか確認する。 子どもには「おはよう」と声をかけながら、握手をするなど体に触れながら状態を確認している場合もある。 画用紙が補充されていることを確認する。 ハサミが危険な状態で使用されていないか、見守っている。 子どもたちに絵本を読んでいる。 Aちゃんが作ったものを手にとって保育者に渡してくれたのでそれをBちゃんに渡す。 遊んでいる子どもたちの様子を観察・意識しながら、出席簿の記入をする。	子どもたちと一緒にメモリーカードで絵合わせをしてあそぶ。 子どもたちが話しかけてくる話題に「そうなんだね」「たのしかったね」などと言葉を返す。 Aちゃんに「何を作ってるの？」と声をかける。 保育者に確認した上で、Bちゃんにハサミを手渡す。 危険がないように側にいながら、Bちゃんの真剣な様子に声はかけずに見守る。 Bちゃんからハサミと画用紙を受け取り、「このぐらいの大きさでいい？」と確認しながら、お金を作る。 Bちゃんに切り取った紙を「はい、おかね」と渡す。△お金のイメージを共有して満足そうにしている。 Aちゃんに「たくさんできたね」と声をかける。△5歳児は自分のイメージを友達と共有しようとしている。

本日の実習から学んだこと

　今日は、3歳児から5歳児のあそびの様子を観察しました。その中では3歳児や4歳児が5歳児の遊び方に憧れ、様々な事に対してチャレンジしようとしている様子が多く見られました。特に、制作コーナーでの子どもたちの様子を見てみると、5歳児が作ったものを見て「Dちゃんもあれ作る〜。折り紙下さい」と言葉をかけてくる子が多かったです。Bちゃんは、Aちゃんのやっていることを見て、お金を作ろうと真剣に取り組んでいました。最終的には「やっぱりできないから、先生切って」と頼んでくるのですが、この発達の面からみて、今の段階で難しいことでも、5歳児への憧れの気持ちがあそびへの意欲となり、子どもたちの挑戦する気持ちへと繋がっているのだという事を学びました。

　5歳児への憧れは生活場面でも多く見られました。5歳児に「お野菜食べると、大きくなれるんだよ」「にんじんはウサギも食べるから、足が速くなるんだよ」などの言葉がけをされ、抵抗があった野菜を口にしていた3歳児のEちゃんの誇らしげな顔が印象的でした。言葉がけをしたFちゃん自身も苦手な野菜があったが以前の5歳児に同じように声掛けしてもらっていたと先生から伺い、憧れていた存在になれた喜びが小さい子たちへの優しい言葉がけに繋がるのではないかと感じました。

　また、保育の流れの中でも、先生は大きな声で一斉に子どもたちに呼びかけるのではなく、子どもたちが遊んでいるコーナーをまわって声をかけていることに気づきました。そうすると、5歳児が「もう、給食だって」と3歳児や4歳児に声をかけている姿が見られました。「いずれは子どもたち同士で呼びかけあうことを目指している」と先生から伺い、これらの小さな積み重ねがあることで子どもたち自身が年長児を中心として自分たちで動くという事が出来ていくのではないかと思いました。

◆日誌の視点・トピックの解説・捉え方・課題

＜異年齢保育＞

　最近、異年齢保育に取り組む保育所が多く見られるようになってきました。異年齢保育とは、同年齢のみが生活の基礎集団となる同年齢保育に対して、より幅の広い年齢層が集まってクラス集団を作っている保育形態です。3〜5歳児の幼児クラスの子たちが同じクラスに在籍している形態や、1歳2歳を含んだものなど様々な形態が見られます。どんな子どもに育って欲しいのかというねらいを持ちその実現に向けて保育形態・内容が各園で考えられているのです。

＜生活の中での憧れ＞

　異年齢保育は子どもたちにとって、どの様な意味があるのでしょうか？日誌の「お金」のエピソードに見られるように、年下の子にとっては身近に年上の子がいつも存在し「ぼくもやってみたい。こんなおにいさんになりたいな。」と憧れ、自分の近い将来への見通しを持ちやすいという事でしょう。毎日一緒に生活し、自分より少しだけ大きい子たちが遊んだり生活する中で難しいことに挑戦し、時には失敗したりする姿を間近で見て感じる事は、「がんばってみよう」「うまくいかなくてもだいじょうぶだよね」「ボクにもできるはず」「ねんちょうさんになったら、これをやろう」などの、色々な感情を年下の子に育ててくれます。一般的に異年齢保育というと、年上の子に思いやりの心が育つと言われます。確かに年下の子を助けてはいるのですが、年上の子はやってあげる一方という訳ではありません。年上の子は、慕われ頼られる中で自分のことを肯定的に感じられる機会を、生活の中でたくさん得ることができます。年下の子から憧れられる存在である自分を誇らしく感じ、もっと頑張ろうという意欲を持つ事が出来るのです。

　異年齢保育のクラスで実習を行うと、子どもたちの姿から「自分自身への信頼をベースに、少し先の課題に挑戦してみようとする意欲」が感じ取れるのではないかと思います。

◆発展的課題

＜異年齢保育によって育まれるものは何か＞

　実習で異年齢保育のクラスに入った場合には、同年齢の幅を越えた自然な微笑ましい関わりをあちらこちらで観察することができると思います。その様な姿をたくさん見つけながら、その関わりが双方にとってどういう意味を持つのかを考察することが大切です。また、何でも自分でやってみたい3歳児の、やりたい意欲を削ぐ様なおせっかいな関わりになっていないか等、発達年齢を押さえながら内面の育ちに視点をおいて実習し、日誌記入をすると新しい発見があるかもしれません。

● 用語の解説 ●

【異年齢保育と異年齢交流保育】

　異年齢保育とは、異なった年齢の子どもたちでクラスを構成する保育形態のことです。生活の主な単位が異年齢集団である場合をさすことが多くあります。週に数回、あるいは平日の午前中などに同年齢の集団で活動を行うこともあります。

　同年齢クラスを主の構成とし、異年齢での交流を曜日・時間を定めるなどして意識的に行う異年齢交流保育を行っている保育所もあります。

　少子化や、地域での異年齢集団がなくなり子ども同士の関わりが少なくなっていることもあり、近年、注目されています。

学籍番号 （ 　　　　　　　　　　 ）		実習生氏名 （ 　　　　　　　　　　　　　　　　 ）	

６月15日（火）	天候　晴れ時々曇	３歳児　　こあら組	男児 15名　　女児 12名　　合計 27名　　欠席 1名

本日の実習の目標　ダウン症のＡちゃんについて観察し、自分でできる事や支援の必要な事が何なのかを理解する。保育士がＡちゃんに対して、どの様な場面に応じた言葉がけや支援をしているのかを観察する。	備考

時間	環境構成・子どもの活動		保育者の援助・留意点	実習生の動き（・）・気づき（△）
	環境構成	子どもの活動		
10:00	保育室	保育者の声かけで使っていたおもちゃ等を片付け、朝の会の体勢になる。Ａちゃんは読んでいた絵本を片付けたがらず抱えこんで座り込む。Ｂちゃんが「もうお片付けだよ」と無理やり本を取ろうとして引っ張り、Ａちゃんは本を握りしめ叫び始める。Ｓせんせいの言葉がけに「うん」とうなずき残りの３ページをめくって見ると満足したように本の棚に戻しに行く。	「こあらさん、朝の会を始めるので集まってください。お片付けをしてきてから座ってね」と声をかける。Ａちゃんに対して、加配のＳ先生が「だるまさんの本を読んでいたんだね。Ａちゃん好きだもんね。最後まで読んだら片付けようね。」と言葉をかける。Ｂちゃんに対しては「片付けの時間を教えてくれてありがとう。Ａちゃんも分かったみたいだから、Ｂちゃんはあそこのブロックの片づけを手伝ってくれると助かるなあ」と言う。	・先生に片づけを促すようにご指導いただき、子どもたちに「お片付けの時間だよ。一緒に片付けようか」と誘いかける。△Ｓ先生は、最後まで読み終わっていないＡちゃんの気持ちを尊重し、満足して自分から気持ちを切り替えて終われるように働きかけていると学んだ。
10:15		朝の会に参加する。Ａちゃんは、自分の座る場所が狭いと思ったのか、隣のＣちゃんをグイグイ押し始める。Ｃちゃんは「Ａちゃん、こっちに来たいの？　じゃあ、ここの（床の）線までね」と言いながら、少し詰めてくれる。絵本を楽しむ。Ａちゃんも洋服の模様が変わる度に歓声をあげて見る。	全員が集まるのを待って朝の会を始める。出席の確認をして、絵本『わたしのワンピース』[注]を読む。ＡちゃんとＣちゃんのやりとりを言葉はかけずに黙って見守る。Ｓ先生がＡちゃんの側に座り「お花だね」「夜になっちゃったね」など、小さい声で言葉がけをする。	・朝の会に参加する。
10:30		「やったー。お散歩だって」など話しながらトイレに向かう。Ａちゃんは、周りをキョロキョロ見ながら慌てて立ち上がり、すぐに戸外へ向かおうとする。Ｓ先生に言葉がけをされ立ち止まり、トイレに向かう。	絵本を読み終わり「これから散歩に行くので、トイレにいってから出発するよ」と行動を伝える。ＡちゃんはＳ先生が「おしっこしてお散歩に行こうね」と個別に言葉をかける。Ａちゃんに付き添い、手洗いを見届けて、戸外に誘導する。	△Ｓ先生は、絵本読みに集中しているほかの子どもの邪魔をしないように、Ａちゃんのみに聞こえる声で話しかけている。・トイレに向かう子どもたちに押さないように言葉がけをしながら、手洗いを忘れている子に促す。

本日の実習から学んだこと

　　今日は、ダウン症という障害を持ったＡちゃんの観察を中心に、実習させていただきました。

　　Ａちゃんは３歳児ですが運動面でも認識面でも発達がゆっくりであると事前に先生に伺っていたので、集団での行動の際に先生方がどの様に支援なさっているのかを観察させていただきました。Ａちゃん自身については、クラスの中でものびのびと過ごし、お友達に手を振ったり気に入っている子に手招きをするなど、積極的にかかわろうとする姿が多く見られました。ただ、まだ同じイメージを共有して遊ぶことは難しいようで、一人でブロックをしたり加配のＳ先生と絵本を見て過ごしていました。行動の切り替え時には、Ｓ先生がうまく切り替えられないＡちゃんの気持ちをくみ取りつつ、満足して次の行為に移れるように促していらっしゃいました。周囲の子どもたちにも、Ａちゃんの気持ちを代弁しＡちゃんに対する理解が深まるように言葉がけをし、片付けをさせようとしたＢちゃんの気持ちにも配慮して、子ども同士の関係性を作っていこうとしていることを学びました。このような先生方の働きかけが、ＣちゃんのＡちゃんの言葉にならない気持ちをくみ取った行動に繋がっているのではないかと考えました。

　　読み聞かせの絵本は「わたしのワンピース」でしたが、こあら組の子どもたちはどの子も、絵本に集中して楽しんでいる様子でした。こあら組は月齢が小さい子も多く発達の巾が広いと先生から伺いましたが、この絵本はリズミカルなセリフが繰り返され想像することができるので、Ａちゃんを含めてどの子も楽しむ事が出来たのではないかと感じました。更に、言葉がまだあまり出ないＡちゃんにとっては、Ｓ先生が共感しながら言葉を添えて見ることで、理解や発語を促すことに繋がると教えていただきました。

　　Ａちゃんは、気持ちの面でまだイヤイヤ期を抜けておらず、行動の指示理解が難しい時もあるため、こあら組の先生方がタイミングを見計らいながら理解を促し見通しをもって行動することができる様に、加配のＳ先生と連携して言葉がけや支援をしているという事を学びました。

◆日誌の視点・トピックの解説・捉え方・課題

＜個に応じた保育＞

　3歳クラスになると、子ども同士が頻繁に関わり簡単なルールのある遊びや役割を持った遊びを展開し始めます。子ども同士がお互いの存在を意識し始める中で、障害や特別なニーズを持つ子は周囲との違いが見え始める時期でもあります。日誌のダウン症のA君の様に出生時又は乳児期に診断のつく場合は、医療や療育のサポートを受けながら保育所に通ってきている場合が大半で、加配の保育者が増員され個に応じた支援が為されている事が多いです。A君の場合は、ダウン症の特性であるゆっくりとした運動発達に合わせて、0歳児クラスに2年間在籍し歩行の獲得に合わせて2歳9か月で2歳児クラスに進級しました。栄養士・調理師と連携し離乳食の進行を咀嚼力に合わせたり、言葉の理解やコミュニケーションに難しさには、保育者が状況を予測しながら見守り必要な手助けをしながらA君の発達を支えています。ダウン症のみに限らず特別な支援の必要な子どもたちについては、保護者と相談しながらその子その子に応じた対応をしていく事が大切です。運動会や遠足など行事の参加方法、進級時期、就学に向けた取り組みなど情報を共有していく事が求められます。

＜特別なニーズを持つ子が周囲とのかかわりの中で育つもの＞

　ダウン症は穏やかで優しい子が多いのですが、その中でも特に優しい子もいれば恥ずかしがりやな子、短気な子やいたずら好きな子など一人ひとり違った個性を持っています。どの障害にも共通の特性や傾向がありますが、それは基礎的な知識として理解しつつ「この障害だからこういう子」と一括りにしてしまうのではなく、一人の人格を持った子どもとしての、個人の意欲や好みなどの気持ちを見つけていくつもりで接することが大切です。「今、何を考えているのかな？」「何が好きなのかな？」「何がしたかったのかな？」と探ってみてください。関わる保育者や保護者、そして実習生がその子自身を理解しようと接する姿から、クラスの子どもたちも自然に違いや個人を受け入れていきます。そして、必要な時にさり気なく手を差しのべてくれる関係性がクラスの中で育っていくことが、障害を持った子にとっても周囲の子にとっても大切な事だと言えます。

◆発展的課題

　クラスの保育者が、何を意図してどの様に言葉がけや働きかけをしているかを、意識的に観察してみてください。その上で、障害児に関わる機会があったら、「好きな遊びを見つけて一緒に行ってみる」「生活行為の切り替えをスムーズに行うための援助を行ってみる」などのねらいを設定し、方法を工夫し試行錯誤しながら行ってみた上でねらいと考察を記録しておくと良いでしょう。

8月30日（水）	天候　晴れ		4歳児　　ぱんだ組	（18名　出席17名・欠席 1名）

園の行事や配属クラスの活動など

実習生の本日の課題
①保育者の言葉がけに着目し、子どもへの働きかけについて学ぶ。
②遊びの中で見られる子どもの姿や子ども同士の関わり方を観察する。

時刻・項目	環境構成	保育者の動き	子どもの活動と子どもの姿	実習生の動き
10：00 園庭での遊び	・竹馬 ・フラフープ	・子どもたちが遊ぶ様子を見る。 ・テラスに座り、絵本を一緒に読む。 読み終えたタイミングで「おむすびをつくらない？」と誘う。 ・「上手」と褒めながら掌に載せて、星形の泥団子を見ながら作り方を聞く。 A 具体的な働きかけ ・HKちゃん、KHちゃん、OHくんと三角形のおむすびづくりをする。 ・丸いおむすびを作ってOHくんに見せながら「おむすびころりんすっとんとん」と歌う。 ・OHくんのおむすびを乾かす援助をしながら「おいしそうだね」と声をかける。	・帽子をかぶり園庭に向かう。 ・OHくん　テラスで『とべかぶとむし』を読む。 ・「本がいい」と言って別の本を取りに行く。 ・HKちゃん、KHちゃん三角形のおむすびを嬉しそうに見せる。 ・OHくんも興味をもって星形の泥団子を見る。 B 具体的な反応 ・HKちゃん、KHちゃんが星のつくり方を見せる。 ・OHくんおむすびが作れずに泣く。 ・丸いおむすびを受け取る。 ・HKちゃん、KHちゃんが乾かし方を教える。OHくん、真似をして乾かす。 ・保管箱にそっと入れる。	・子どもたちと一緒に園庭に向かう。 運動会で使う竹馬とフラフープを園庭に置き、親しめるようにしていた。やってみたいと思える環境づくりの大事さを知った。 ・遊びを見つけられていない子がいないか、注意深く見る。おむすびづくりに加わる。 C 気づき ・手本になるようにOHくんの前で三角形にする。 OHくんが楽しく作れるようにより簡単なおむすびで気持ちの立て直しを図っているのだと感じた。
15：30 好きな遊び	・竹馬 ・フラフープ	・竹馬で遊んで見せる。 ・竹馬の補助をする。 「小さいお友だちにおむすびあげたんだ」 ・「やさしいね」 ・「今日のおむすびは先生が作ったから、明日はOHくんが先生に作ってくれる？」 ・「やったぁ、じゃあ明日は朝ごはん食べないで保育園に来よう」 ・「明日楽しみだな」 実習生の本日の課題①に関する記述	・OHくんがおむすびが乾いていることを確認し、園庭に持って行く。 ・「おむすびころりんすっとんとん」と言いながらおむすびを転がしては追いかける。 ・3歳児がOHくんと一緒におむすびを追いかけて遊ぶ。 実習生の本日の課題②に関する記述 ・3歳児クラスの子におむすびを欲しいと言われ、迷いながらあげる。 ・OHくん、ひとりになった後で泣き、担任保育士の元へ行く。 ・「うん」 ・頷く。 ・「いいよ」 ・「先生は大きいから大きいの作ってあげる」	・フラフープを回して見せる。 ・おむすびころりんごっこに加わる。 D 気づき ・OHくんの様子を見守る。 E 気づき ・泣いている原因を担任保育士に伝える。 今日の遊びが明日につながるように、明日を楽しみに登園できるように、明日につながる言葉をかけてOHくんの気持ちを切り替えていた。 泣いて1日が終わるのではなく、気持ちを立てなしてあげることが大切なのだと学んだ。 実習生の本日の課題①に関する気づき

◆日誌の視点・トピックの解説・捉え方・課題

＜戸外遊びへの興味を引き出す＞

　戸外遊びに消極的なＯＨくんに心を寄せて保育者の言葉がけやＯＨくんが他児と遊ぶ様子を記録しています。ＯＨくんは三角形のおむすびに興味を持ってみていますが、うまく作れず泣いてしまいます。このままでは砂や泥を触って楽しむことが醍醐味の戸外遊びにより消極的になってしまいそうですが、保育者は「丸いおむすび」を作って見せ「おむすびころりんすっとんとん」と歌いながら興味を引き出しています（**A 具体的な働きかけ**）。その子が関心を持ちそうなものを想像して状況にあった言葉かけをすることが大事なことがわかります。

＜言葉かけ＞

　課題①に挙げられている言葉かけは観察しやすく、保育者の意図を推察しやすいため、保育についての理解が深まります。どのような場面で、どのような言葉をかけていたか、子どもの反応はどうであったかを丁寧に記録するとよいでしょう。声かけと言う場合もありますが、保育に重要なのは声をかけること以上に、子どもの心を動かす言葉をかけることではないでしょうか。

＜異年齢保育・異年齢の関わり＞

　課題②に挙げられている「遊びの中で見られる子どもの姿や子ども同士の関わり」は同年齢とは限りません。異年齢での関わりにおいては、年下の子は年上の子を憧れのまなざしで見つめ、その姿に近づきたいと意欲的に行動します。年上の子は年下の子をいたわる対象として思いやりの気持ちをもって関わります。また、発達の最近接領域も同年齢の関係とは異なる等、様々なメリットがあります。保育の場での異年齢の関わりは子どもたちに多くのこと学ばせてくれます。３歳児と４歳児の異年齢の関わりにおいて、何を経験しそれがどのような心の成長につながるかを考察が **E** に書かれると、充実した日誌になります。また、**D** に「気づき」が書かれると、より深くＯＨくんの内面を知ることになります。

◆発展的課題＜過程を丁寧に記録する＞

　ＯＨくんが泥団子をつくるまでのプロセスが **A** や **B** に記述されると保育者の援助、子どもの心の動きが理解できます。例えば、ＯＨくんが泥団子をつくりはじめるまでに、保育者はどのような働きかけをしたでのでしょう？それは、実習生の本日の課題①「保育者の言葉がけに着目し、子どもへの働きかけについて学ぶ」に関連しますから、保育者と子どもの姿を具体的に記録しておくとよいでしょう。また、**C** にはその場面で考察したことを「気づき」として書きましょう。

用語の解説

【発達の最近接領域】

　ヴィゴツキーが子どもの発達に対して教育が寄与しうる領域として理論的に提唱した考え方。教育が無制限に発達をもたらしたり促進したりするものではなくて、教育による子どもの学習が、既存の発達水準に基づきながらも、新しい水準の発達を形成しうることを言います。
『保育用語辞典第６版』
（2010　ミネルヴァ書房）

トピック⑥　ルールのある遊び　【保育所・4歳児】

6月17日（月）	天候　晴れ	（4歳児）きりん組	男子 9名　女子 11名　計 20名

観察のテーマ：　ルールのある遊び

時間：1．＜フルーツバスケット＞　9：30〜10：00　　2．＜中当て＞10：45〜11：00
場所：1．＜フルーツバスケット＞　保育室　　　　　　2．＜中当て＞　園庭

1．＜フルーツバスケット＞

　先週遊んだ"フルーツバスケット"を思い出したAくんが、保育者に「フルーツバスケットをやりたい」と提案。すると、他児も「やりたい」の声。早速椅子を並べてゲームを始めることになった。まだ3回目ということもあり、保育者がルールの確認をしてゲーム開始。前回は指示を出したいがためにわざと座らなかった子がいたようで、その点も含めて説明していた。いざゲームが始まると、自分が何のフルーツなのかを理解し、フルーツの名前を呼ばれると立ち上がり「キャーキャー」と言いながら椅子を探していた。しかし、中には、自分のフルーツが呼ばれても立たず隣の子に教えてもらう子（Yちゃん）・指示をだしたくてのんびり逃げたり（Tくん・Aくん）、センターでぐるぐるしたりしている子（Sくん・Mちゃん）・席が空いているのにわざと座らない子（Tくん・Nちゃん）、指示を出す役になったもののなかなか言えずモジモジしてなんとか言えたのにも関わらず席に座れない子（Sちゃん）などもいた。自分のフルーツが呼ばれたため立ったものすぐ隣の席にばかり座るHちゃん。しかし、隣の子が呼ばれたフルーツでなかった時には、席が見つからず、同じ席に座るHちゃん。保育者が、Hちゃんの行動を取り上げながら、ルールを守ることで楽しい遊びになることを伝えていた。また同時に、"1つのフルーツだけでなく、2つのフルーツをいってもよい"というルールを付け加えると、2つのフルーツを言う子が増えた。また、席を立つ子が多くなり遊びも盛り上がっていた。最後はSくんが3回座れなかったのでゲーム終了。全て座れた子は7人でジャンプをして喜んでいた。

2．＜中当て＞

　保育者が「中当てをしよう」と言葉がけすると、みんな大喜びで、遊んでいた遊び（氷鬼・フープ遊び・栽培している野菜の観察）の片付けをして保育者の周りに集まってきた。片づけを終え、私の近くに寄ってきたMちゃんが、「中当てやりたくないな」と言ってきたのだが、保育者の近くに集合した時は、一番前でやる気満々のように見えた。
　2チームに分かれると、保育者はピンクと白のチーム分けの確認のみで、ルールを確認することはなく、スタートしていた。当てられないように必死に逃げる子もいるが、隅っこにいて動かない子も見られた。Sちゃんは、内野にいるときにどうしてもボールを持った外野の友だちのところに近寄って行ってしまいすぐに当てられていた。Hくんは、ボールを持ったまま外野の線ギリギリのところを走り回り近くになった友だちをねらって当てていたり、MちゃんとT君は一緒に息を合わせて内野に向けてボールを投げたり等、子どもたちなりに考えて遊んでいた。投げ方は、ほとんどの子が両手で上から投げており、片手で投げられていたのはMちゃんだけだった。女児の数人は下から投げていた。
　なかには、当たったことに気づかず保育者に促され外に出る子もいたが、ほとんどの子が当たってしまったら、保育者に言われなくても園庭の端にある階段に座っており、子ども達がルール以外にも遊びをするときの約束を守る姿が見られた。最後の結果発表の時も、保育者が「白が4人で、赤が3人だから・・・」と促すと、「白の勝ち」と嬉しそうに子ども達が答えていた。

観察のテーマで学んだこと

　今日は、クラスの友達と一緒にルールのある遊びをする場面を観察しました（室内…フルーツバスケット、戸外…中当て）。子どもたちは、ルールを守ろうとしながら遊んでいましたが、フルーツバスケットではルールを守れない子がいました。指示する子にならないように何とか座ろうとする気持ちや、わざと座らず指示する子になりたかったりする気持ちが強く、ルールを守ることができないのだろうと感じました。一方、中当ては、何度も遊んでいるようでとてもスムーズでルールを守らない子もいませんでした。毎日戸外で遊んでいるとのことだったので、繰り返し遊ぶことでルールが守れるようになり楽しく遊ぶことができるのだということが分かりました。中当てでは、ボールを2つ使っていたり、○が2つ繋がっていたりしていて、子ども達がとても楽しそうに遊んでいました。ルールが守れるようになると、少しずつ方法に工夫をすることができるようになり、さらに遊びが展開されるのだということを学びました。また、4歳児クラスでも、どうしたら当てられるかを考えながら（一緒に投げる・投げ方を工夫する・どこから投げようと移動する）遊ぶことができるのだということ、数の概念が理解できている子がいるということがわかりました。

◆日誌の視点・トピックの解説・捉え方・課題
＜ルールのある遊び＞

　4歳児クラスになると、友達への興味関心も高まり、友達と一緒に遊ぶことの楽しさを感じるようになります（連合的な遊びや共同的な遊びの増加）。また、3歳児頃からルールを少しずつ理解できるようになってきた子ども達は、4歳児頃になると、楽しく遊ぶためにはルールが必要であることにも気づき、守ろうとしたり、楽しんだりするようになります。しかし、"フルーツバスケット"の場面では、自分の座っていた椅子にまた座ってしまう姿や、次のフルーツを言いたいがためにわざと座らない姿など、まだルールよりも自分の思いが優先してしまう姿が見られます。"中当て"では、ルールを理解してあそびに参加しなければ楽しむことが出来ない為、ルールを守ることは必然になっています。いずれにしても4歳児は、自分を振り返りながら試行錯誤して仲間の中で遊ぶことが出来るようになる時期といえます。

◆次に日誌を書く上での発展的な課題

　上記にあるように、4歳児は、自分と他者との間に関係を見出し、集団の中の自分の位置、集団の中の他者の位置についてあれこれ考えていく世界（仲間の世界）の広がりと深まりの中で、仲間との間で「揺れる」ことを経験します（齋藤，2016）。そして，その中でルールを守ったり、作ったり、変えたりすることを経験し、自分で考え、判断する力を身に付けます。

　5歳児頃になると、子ども同士で楽しく遊ぶためにはどうしたら良いか、意見を出し合いながら、話し合いを持てるようになります。例えば、"ドッジボール"で遊ぶと、「赤チームばかりボールを持っている」「●●ばかりがボールを横取りして当てている」「○○のせいで負けた」などの声が聞かれるようなります。このようなときは、どうすればみんなが楽しく遊ぶことが出来るのかを話し合い、自分たちでルールを決めていきます。ルールのある遊びでは、ルールが増えてきたり、難しくなってくると、より協力したり、作戦を立てたりすることが必要になります。みんなが楽しめるようにするにはどうしたら良いかを考え、自分たちでルールを決めていくことを繰り返すことで、5歳児後半では、友達の心を想像し、多様性を認め合う力が育ち、ルールを変更しながら臨機応変に楽しく遊ぶことが出来るようになります。

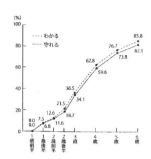

図　遊びの決まり
（出典：村山貞雄編「日本の幼児の成長・発達に関する総合調査」サンマーク出版 1989）

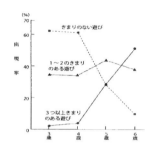

図　生活年齢と遊びの決まりの関連
（出典：岩崎洋子編著「保育と幼児期の運動あそび」萌文書林　2018）

＊3～4歳にかけて連合的な遊びや協同的な遊びが増えてきます。また、「遊びの約束が分かり、守れる子ども」が増えます。つまり、ルールのある遊びがクラス全体の活動として出来るようになります。

トピック⑦　主体性を育む保育【保育所・5歳児】

場面の記録
2月10日（金）（実習5日目）　　配属：きりん組（5歳児）

場面の背景

　小学校に入学することを楽しみにしている様子が感じられ、今週は小学生ごっこをする子が多かった。ランドセルが作りたいというどもたちの声に応え、廃材やカラーテープなどを用意すると空き箱を使って試行錯誤しながらも創意工夫する姿がみられた。できたランドセルを背負って遊ぶことが流行り、ランドセルをつくる子が増えている。数名は昨日に続き今日もランドセルを背負って小学生ごっこをしていたが、今日は粘土で遊ぶ子も見られた。Fくんが粘土でお寿司をつくるとそれがおもしろかったのか何人かが真似してお寿司を作り始め、ランドセルを背負っていた子たちもいつの間にか仲間に加わり、大人数での回転寿司ごっこになっていた。

場面の詳細（その場面の環境構成やエピソードなどを詳細に書きましょう）

Fくん：「昨日お寿司食べた」「マグロ」

面白い！　観察してみよう（実習生の感覚の良さ）

Aくん：「いいなぁ」「おれもまぐろ」

Fくん：「Aも昨日お寿司食べたの？」

Aくん「ちがうよ、マグロを作ったんだよ」

Fくん：「イカも食べた」

（作って食べたことを表現しようとする）やり取りの面白さ・愛おしさ

Aくん：「どっちがイカ？」

Fくん：「・・・」

Mちゃん：「こっちがイカでしょ」

Fくん：「こっちがイカだよ！」

Mちゃん：「どっちもイカみたい」

子どもたちの姿と遊びの展開を残しておきたい

Fくん：「・・・なんでだよ〜」

Aくん：「できた！　エビ」

このやり取りがきっかけで、いろいろなお寿司作りに挑戦し始める。興味をもって見ていた子もお寿司作りを始める。

Kちゃん：「たまごください」と粘土箱のふたをもって待っている➡IFくんが椅子をテーブルに見立ててお寿司の乗った粘土板を置く。

Uちゃん：「納豆巻きください」と言って粘土箱のふたをもって待っている➡SAくん：「納豆巻き、ちょっと待って」

数名が椅子を円形に並べると、待っていた子たちが粘土箱のふたをもって座り始める。

Aくん：「お寿司屋さんが足りないよ」

Kくんが粘土板からお寿司をひとつ取り、その粘土版を隣のKくんの椅子に置く。Kくんも粘土板から一つ取り隣のNくんの椅子に置く。この動きがおもしろかったのか、お寿司の載った粘土板を次々に隣りの椅子の上に置きながら、お寿司を食べる真似をしている。やがて好きなお寿司を選び終えると、みんなで息を合わせて粘土板を隣の椅子に置くことを繰り返すようになる。いつの間にか粘土板が回る"回転寿司ごっこ"になっていた。次々に加わる子が増えて、みんなで"回転ずし寿司ごっこ"を楽しんでいた。途中からは担任保育士も輪に加わり、担任保育士に自然な形で誘ってもらい実習生も加わり遊んだ。

その場面から学んだこと

　FくんとAくんの会話から、小学生ごっこから"回転寿司ごっこ"に発展するとは想像ができなかった。子ども同士の伝え方と感じ方があるのだと思った。担任保育士が早い段階でこの遊びの面白さを感じ子どもたちの輪に入り遊びを援助している姿から、子どもの発想を敏感に感じ取る力が必要だと学びました。また、子ども同士の関わり方を観察し、楽しい場を共有する遊びは「入れて」「いいよ」から始まるものではないこともわかりました。

　イメージが共有できた時のごっこ遊びは、本当に面白いと感じました。このようにイメージが共有できることがたくさんあることが子どもたちの遊びを豊かにすることにつながると、短大の授業で学んだことを思い出しました。実際に見て学ぶことができ勉強になりました。今日の回転寿司ごっこはそれぞれの家庭での共通する体験がひとつのイメージとして共有され、ごっこ遊びにつながったのだと思います。子どもたちの遊びを豊かにするためにも、保育園の生活の中で子どもたちがいろいろな経験ができるようにすることが大事だと学びました。子どもたちのごっこ遊びに加わって、子どもとイメージを共有しながら楽しい気持ちを共感し合って遊ぶことができて子どもたちとの距離が近くなったことを実感しています。子どもと一緒に遊ぶということをこれまで理解できていなかったと反省しました。これまで、子どもたちの前に立つことに意識が向いていましたが、子どもたちと同じものを見て子どもたちの中に入ることも必要だとわかりました。これからも子どもたちと一緒に遊ぶことを通して学べるよう、積極的に子どもたちの中に入って遊び、遊びが深まったり、広がったりするような援助ができるようになりたいと思いました。

自己課題の発見

成果の自覚　課題意識などを書き残しておく

◆日誌の視点・トピックの解説・捉え方・課題
＜主体性を育む場面＞

　主体性を育む保育といったように、広い視野で観察する場合には「場面の記録」が適しています。「場面の記録」は、環境構成や保育者や子どもの姿などの必要な要素を全体的に捉え、実感、発見、感動を詳細に記録できるからです。環境構成に立ち位置、体の向き、動線なども図化するとより効果的になります。主体性を育むためには、子どもの声に耳を澄ます保育者の感性が必要ですが、それをその場で反映させることができるような環境構成も重要です。遊びが発展していく様子や保育者や子どもの心情、観察する実習生の心情の変化、環境などを記録してより深く考察することを繰り返し、その場面を読み取る力を身につけましょう。　左ページ　参照

＜ごっこ遊び＞

　ごっこ遊びは、なりたい願望を叶えてくれる魅力的な遊びです。認知能力、伝達能力、人間関係力を要する遊びであり、これらを向上させることが期待できる遊びでもあります。観察すると、子どもたちの展開力や発想力に感心させられることでしょう。ごっこ遊びからは、子どもたちがどのようなことに興味・関心をもっているのか、周囲の人・もの・ことをどのように理解しているのか、子どもたちの"今"がよくわかります。同じような"ごっこ遊び"でも、丁寧に観察すると年齢ごとに発達の特徴が表れます。楽しんで子どもたちのごっこ遊びを観察し、日誌に残しましょう。また、考察し「その場面から学んだこと」に書き残しましょう。その学びは、発達を的確に捉え、適切な援助をする保育者の専門性につながることと言えます。　左ページ　参照

◆発展的課題
＜協同遊び＞

　日誌に記録されている保育からは、子どもたちの主体性を育もうとする保育者の意図が感じ取れます。その一方で主体的な行動により協同性が育まれていることも子どもたちの姿から感じ取れます。平成30年4月に一斉に施行された幼稚園教育要領、保育所保育指針、幼保連携型認定こども園教育・保育要領に「幼児期の終わりまでに育ってほしい姿」が明記されています。その「10の姿」の中に、協同性が挙げられています。協同とは、ひとつの目標に向かって心や力を合わせて関わり合いながら物事を進めていくことを意味し、4歳後半から5歳頃に見られるようになると言われています。保育においては、環境との関わり、行事や課題活動の取り組み、主体的な遊び、課題活動など様々な場面で育むことが期待されます。要領や指針の内容を踏まえて考察することも、実習生として重要な学びと言えます。

【ごっこ遊び】

　子どもが日常生活の中で経験したことの蓄積から、つもりになって「〜のような」模倣をし、身近なものを見立て、役割実現するような象徴的あそびを言う。

　集団でのごっこ遊びの場合、それぞれがもちよるイメージを擦り合わせ、不都合な点があれば修正していくといった活動が必要になるため、だれがどのような役割でどう見立てているのかが相互了解されなければならない。また、他者とイメージを共有するだけでなく、自分と異なる立場を経験することは遊びを通して他者存在の気づきとなる。

『保育用語辞典第6版』（2010　ミネルヴァ書房）

学籍番号（　　　　　　　　）		実習生氏名（　　　　　　　　　　　　　　　）	
9月14日（金）	天候　晴れ	5歳児　ゆり　組	男児 14名　女児 7名　合計 21名　欠席 0名

本日の実習の目標 クラスのなるべく多くの子どもと関わる。			備考

時間	環境構成・子どもの活動		保育者の援助・留意点	実習生の動き（・）・気づき（◎）
	環境構成	子どもの活動		
（前略） 10:55	（前略） ゆり組	（前略） ○片づけ	（前略） ・子どもが楽しんで片づけられる言葉かけをする。「みんないくつおもちゃを片づけられるかな？　よーいドン！」等。	（前略） ◎普段と少し違う言葉をかけることで、子どもたちも新鮮な気持ちで片づけられると学んだ。
11:00		○外リズム ・リズムに合わせて踊る。 ・昼食 ・配膳 ・食べ終えた子どもから歯磨き、着替え。	・動いていない子どもの手を引きながら子どもと一緒に動く。 ・子どもの食べる量に合わせ、ご馳走様をするような言葉かけをする。「あと、お野菜食べたらご馳走様していいよ。」等。	・「大きく回るんだよ。頑張って」等と言葉をかけつつ一緒に動く。 ◎全種類のおかずを食べるように言葉かけするが、無理をさせないような言葉かけをすることが大切と学んだ。
11:45		○絵本『おしゃべりなたまごやき』注1	・子どもたちが話に集中できるよう、短い話と長い話を組み合わせ	◎子どもが集中できるような組み合わせを考えたり、絵本と紙芝居の間に子どもがリラックスで
12:30		・キュウリの収穫数を数える。 紙芝居『きんのがちょう』注2。	たり、物語と物語の間にほっとできるように子どもたちと会話をするような時間を作る。	きる時間を入れるよう工夫することが大切と学んだ。
13:00	ホール	○午睡 ・ホールへ午睡をしに移動。	・一度に移動しないよう「きんのがちょう」の話のように遊びながら移動できるような言葉かけをする。「きんのガチョウを持った○○ちゃんに、□□くんがくっついた。」等。	◎いつ自分が呼ばれるかという期待と、友だちのくっつき方を見て楽しめるため、名前を呼ばれるのを待つ子どもも楽しんで待っていられる方法を知った。
14:45		○目覚め ・シーツを外し、布団をたたむ。 ・着替え。 ○おやつ	・なるべく自分で起きて、次の行動が取れるよう、起きるように一度言葉をかけ、その後は見守る。	・「一緒にシーツ畳もう」と言ってきた子どものシーツ畳みを手伝う。 ・「おやつ来たよ。」と早く着替えられるよう言葉をかける。
15:20			・今日のおやつに何が入っているのかを調理師と確認し、子どもたちが知らない食材を見せることで、様々な食材を知ることができるようにする。	
15:45		○火曜日の予定 ・爪のチェック ・運動会の練習について（竹馬、リレー、なわとび） ○外遊び　竹馬、ままごと、三輪車等	・その日の予定を伝えるだけでなく、それ以前に今後の予定を伝えることで、より確かに活動の流れが把握できるようにする。	◎多様な食材があることを伝えることが大切だと学んだ。 ◎今後の予定を伝えることで、次に保育園にきたら何をするかがわかるため、流れを伝える大切さを知った。
16:00 16:45		○片づけと水分補給 ○順次降園	・竹馬の指導をしながら周りの子どもに危険がないか注意する。 ・子どもの人数確認、連絡事項の確認。	・クラスで製作した作品を入れる袋づくり。 ・お茶の準備をする。

本日の実習から学んだこと

　　今日は、昨日あまり関わることができなかった子どもを含め、なるべく多くの子どもと接するように心掛けた。そして、子どもたちと接する中で、子ども同士で遊ぶことを楽しむようになっていることに気づき、保育者は子どもたちが遊ぶ様子を見守るという援助が多くなっていることに気づいた。

　　朝の外遊びの時間、Yくん、Hちゃん、Iくん、Hくんが砂場で山や谷を作り、そこに水を流し、水路を作って遊んでいた。穴を掘ったところに水を流すと、水が流れてほしい方向と違う方向に流れてしまった。すると、「なんでこっちに流れるんだ？」、「ここを掘ってみたらいいんじゃない？」、「違うよ、こっちに掘ったら下に水が行っちゃうよ。こっちを掘るんだよ。」などと、友だち同士で話し合う声が聞こえてきた。そして、子どもたちは、自分たちが出した意見をいくつか試していき、自分たちでその問題を解決していた。

　　このやり取りを見て、この頃の子どもは、自分の思うようにいかないことにぶつかった時はどうすればいいのかを考えたり、友だち同士で助け合ったりして、さまざまな方法を試しながら、自分たちで解決できるようになっていることを改めて理解した。私がこのやり取りを見たのは遊びの中だったが、自分たちで考え解決できるのは遊びの場面だけではないと思う。意見のぶつかり合いなどのケンカが起きた時の言葉がけや援助の仕方により、子どもたちで解決方法を見つけられると考える。だから、保育者は、「どうすればいいと思う？」といった言葉をかけてみたり、子ども同士で解決できそうであれば見守るといった、子どもたちが自分たちで解決していけるような援助をすることが必要だと思った。今後の実習の中で、そのような言葉かけや子どもとの関わりを心掛けていきたい。

◆日誌の視点・トピックの解説・捉え方・課題

＜実習の目標と観察の視点＞

この実習日誌は、保育実習Ⅱ前半（参加実習段階）、5歳児クラス2日目のものです。この実習生は、本保育所実習の目標（自己課題）を「保育者の言葉かけや子ども同士の言葉のやり取りから、年齢や一人ひとりの子どもの発達にあった保育者の援助のあり方について考える」としています。

＜共通のイメージをもって遊び込む5歳児＞

5歳児は、ある目的や目標に向かって共通のイメージをもって遊べるようになり、ますます遊びを通して積極的に友だちと関わろうとします。そのため、友だちと関わる時の言葉による伝達や対話の必要性が増していきます。友だちに自分のイメージが伝わらずぶつかり合うこともありますが、自分たちで解決しようとするようになります。そして、友だちと遊び込む経験を積み重ねることで、他者への思いやりや、自分とは異なる人の思いや考えを認めることなど、社会生活で必要となる基本的な力を身につけていくのです。

日誌でも、砂場で、気の合う子どもたちが、共有しているイメージに向け、対話しながら試行錯誤して、自分たちの課題を解決していく姿、いわゆる協同遊びに着目できています。そして、実際の5歳児の姿と保育者の「見守る」という援助、さらに自らの既習事項とを関連させ、遊び場面以外も含めて、5歳児の援助方法について考察しています。

◆次に日誌を書く上での発展的な課題

＜友だちとの関わりが深まる5歳児を理解する＞

このように5歳児は友だちとの関わりを通して社会性を身につけていきますが、この経験を支えているのは、保育者が子どもの望ましい経験ために準備する環境です。例えば、保育者は、子どもが共通のイメージを持ちやすいように絵本を読み聞かせるといった活動をしたり、子どもの多様なアイデアを実現するための素材や道具などを十分に準備したり、子ども一人ひとりの良さが発揮される活動を計画したり、活動の中で友だちの良さに気づけるような言葉かけをしたりしているかもしれません。保育者の準備は、子どもの生活全体に及びますので、子どもたちの遊び場面とそれ以外の環境や場面とを結びつけ、保育者の意図を理解しようと心掛けるとよいでしょう。それによって、保育者が友だちとの関わりの深まりに必要な経験をどのように考えているのかと、実際に子どもたちが何を楽しいと思って友だちと遊び込んでいるのかといった比較の視点を得ることになり友だちとの関わりの深まりについて、これまで以上の理解につながっていくと考えられます。

● **用語の解説** ●

【協同遊び（cooperative play）】

複数の子どもが、共通の目標や目的に向け、イメージを共有しつつ、役割分担を決めて、協力や調整しながらする遊び（M.B.Parten,1932）を指します。遊びを通して他者とのぶつかり合いを体験しながら、分担した役割を果たすといった集団の一員としての自覚が高まります。そのため、協力すること、自己抑制すること、自己主張することなどの人間関係を持続するための基本的な力が身についていきます。

【社会性（sociability）】

他者との関わりを通して身につけていく、所属する社会の成員として人間関係を形成し、円滑に維持する姿勢や技術のことを指します。子どもは、協同遊びなどを通して、友だちとの相互交渉の力を身につけていきます。

注1）寺村輝夫／作　長新太／絵『おしゃべりなたまごやき』福音館書店
注2）川崎大治／脚本　田中武紫／画『きんのがちょう』童心社

時刻・	環境構成	保育者の動き	子どもの活動と子どもの姿	実習生の動き
14:00 降園		・ピンクコースと白コースの子と一人ひとり挨拶をする。 ・怪我の有無を確認・視診し、KNくんが落ち着くまで寄り添う。 ・落ち着いてからどうしてぶつかったかをKNくんと一緒に振り返る。	・担任保育者と挨拶をしバスに向かう。 ・室内で遊んで待機する。 ・KNくんが走って保育室から飛び出す。歩いてきた5歳児とぶつかり尻もちをつき泣く。	・バスに向かう子を見送る。 ・折り紙の用意をする。 ［叱るのではなく、まず落ち着かせてから衝突の原因を一緒に考えていた。安全な行動を理解することを最優先していた。］

参考資料：上段は、6月7日（水）降園時の記録　　前日の出来事から実習生の本日の課題を見出し実習に取り組む組む

学籍番号（　　　　　　　　　）　実習生氏名（　　　　　　　　　　　　　　）

6月8日（木）		曇り	配属：うさぎ組　3歳児　　（15名　出席15名・欠席0名）	

園の行事や配属クラスの活動など
・時計製作

実習生の本日の課題
・3歳児クラスでの安全面の配慮と環境構成について学ぶ

時刻	環境構成	保育者の動き	子どもの活動と子どもの姿	実習生の動き
10:00 10:45	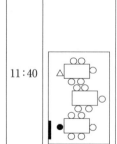	朝の集まり 「おはようのうた」伴奏、挨拶、出席確認、今日の予定、 ⇓ ・昨日の衝突のことを話し、子どもたちの前でテープを貼る。 ・場合分けし、それぞれの注意事項を考える。 「横断歩道をわたるときは？」 「自転車の運転手さんのときは？」 ・子どもたちの声をまとめる。 ・安全な園生活のために必要なことを交通ルールに例えて説明し、守るよう呼びかける。 主活動「時計製作」	朝の集まりに参加する ・「おはようのうた」を歌う。 ・元気に挨拶・返事をする。 ・今日の予定を聞く。 ⇓ ・考えたことを口にする。 ・横断歩道だとわかる。 ・答えを考え、思ったことを言う、担任保育者の話を聞く。 ・左右を見てゆっくり横断歩道を渡る真似をする。 ・横断歩道の前で止まりゆっくり運転をする真似をする。	気づき1 ［子どもたちが安全な行動を身につけるためには、安全な行動を引き出す環境が必要だと知った。］ 気づき2
11:30 11:40		片づけ、排泄など ・「車が来ますよ、気を付けてください」 ・「運転手さんスピード出しすぎですよ」 昼食準備をする。 ・机を消毒する。 ・歌いながら待つ間に自力で用意できるよう言葉をかける。	使った道具を片付ける、排泄など ・手を挙げて横断歩道を渡る子がいる。 ・トイレに走って向かう子がいる。 ・走って戻ってくる子がいる。 手洗い・うがいをする。 ・お弁当を出し、各自用意する。 （※時間差ができるため、要工夫） ・「いただきます」	［安全な行動ができていない子には、自分で安全を考えて行動できるような言葉をかけていた。禁止することが解決ではないと学んだ］ 昼食準備をする ・机を消毒する。 ・「とけいのうた」を伴奏する。 ・「おべんとうのうた」を伴奏する。

◆日誌の視点・トピックの解説・捉え方・課題

＜デイリープログラム＞

　幼稚園や保育園では、子どもたちが見通しをもって主体的に生活できるようにデイリープログラムを基本的な生活の流れとして、「個」や「集団」のリズムを重視ながら過ごしています。そのため、「毎日と同じ」にも意味がありますし、「毎日と違う」にも意味があります。実習生の6月8日の日誌には、朝の集まりの中で「毎日と違う」内容を丁寧に記録しています。この違いの中に安全対策という保育に必要なことを見出したのが「気づき1」であり、この違いの中に保育者の在り方を見出したのが「気づき2」と言えます。デイリープログラムを「毎日と同じ」と捉えてしまうと、保育が単調で面白くないものに見えてしまします。ところが、「毎日と違う」に注目してみると保育が変化に富んで実に面白いものであると再発見できます。

＜保育中の事故への対応や対策について学ぶ＞

　6月7日の日誌に、保育室を飛び出した子の衝突場面が記録されています。6月8日の課題として「3歳児クラスでの安全面の配慮と環境構成について学ぶ」ことを挙げ、担任保育者が行った交通ルールに例えた対応策を記録しています。事故の原因としては、自己の不注意によるものが最も多いと言えますが、集団生活である保育の場においては偶発的な事故も多くみられます。近年保育においても、アメリカのハインリッヒが発表した、1件の重大な事故が発生する背景には29件の軽微な事故と300件の「ヒヤリ、ハットした」事例があることを事故予防対策に活用し「ヒヤリ・ハット」という言葉が使われています。保育中の事故を未然に防ぐために保育者は、この29件の軽微な事故と300件の「ヒヤリ・ハットした」場面から学び、様々な安全対策を試みています。安全対策は保育者の課題のひとつです。その試みを詳細に記録することは、将来につながる学びとなります。

◆発展的課題

＜保育者の意図を考察する＞

　子どもたちは保育者の姿を「憧れモデル」として意欲的に行動することにより生きていく上で必要な力を身につけると言われています。幼稚園教育要領解説には、「幼児は、教師の日々の言葉や行動する姿をモデルとして多くのことを学んでいく。」と書かれています。実習生が保育者へと成長していく過程も同様です。「先生のようにやってみたい」と心を揺さぶられた「憧れモデル」の姿は特に意図を考察しやすいのではないでしょうか。そして、それとともにその時の子ども反応を日誌に残せるようにしましょう。

● 用語の解説 ●

【デイリープログラム】

　毎日繰り返される子どもたちの生活活動を1日の時間的な流れとして構成したもの。具体的には、園で子どもが安心して快適に過ごせるように、子どもの生活リズムを基本に考えながら、登園時の活動、あそび、授乳や給食、おむつ交換や排泄、午睡などの活動を含んで1日の生活の流れを構成します。

　菱谷信子（2006）「デイリープログラム」『保育小辞典』

【憧れモデル・行動モデル】

　子どもが見聞きする人の行動に憧れを抱き、それを模倣してやってみようとするとき、その対象とされる人がいわゆる行動モデルである。子どもが自発的にものごとを学びとっていくうえで、行動モデル・憧憬モデルのもつ影響力は大きい。

　諏訪きぬ（2006）「行動モデル」『保育小辞典』※参考資料

　『わかる・書ける・使える保育の基本用語』（わかば社）

7月10日（火）	天候　晴れ	３歳児　うさぎ組	男児9名　女児9名　合計18名　欠席0名

本日の実習の目標	備考
・一人ひとりの子どもたちの性格や特徴を観察しながら、名前を覚える。	

時間	環境構成・子どもの活動		保育者の援助・留意点	実習生の動き（・）・気づき（◎）
	環境構成	子どもの活動		
8:50	うさぎ組 ①棚　水道 机　机 ピアノ棚 出入口　② ロッカー	○登園 ・帽子とカバンをロッカーにかける。 ・プールバック、上履き袋、スモッグをロッカーに片づける。 ・タオル（小）2枚の1枚をタオルかけにかけ、1枚をカゴの中に入れる。	・登園児を受け入れ、保護者と連絡を取る。 ・麦茶をつぎ、帽子を被って園庭に行くように促す。	・登園してきた子どもに笑顔で挨拶をする。
9:00	①おままごとやパズル等がある。 ②ブロックや車等で自由に遊べるスペース。 ◎ままごとコーナーで遊ぶ子どもが少な	○好きな遊び（園庭）：室内で遊んでもよい。 ・麦茶を飲み、カラー帽子を被る。 ・砂場、"かき氷屋さんごっこ"等 ・曲が流れたら片づけを始め、保育室に入り、麦茶を飲む。	・園庭で遊びの援助をする。 ・曲を流し、片づけをするように言葉かけをする。 ・麦茶の準備。	・園庭の環境整備：砂場のシートを外す、園庭に水を撒く。 ・砂場で子どもたちと"お山作り"をする。 ・片づけを促す。 ◎子どもの遊びの切りの良い所を見計らって片づけを促すと、素直に片づけられる。
9:40	くなってきたので縮小し、ブロックや車を使って広く場所を使う遊びがしやすいように広げられている。 ・机は3つ、一つの机に6人座る。◎席は保育者が子どもの性格等を考慮して決めている。	○朝の集まり ・自分の席に座り、先生の方に椅子ごと向けて座り、お話をきく。 ・排泄に行く。 ・済んだ子どもからプールバックを持ってホールに移動する。	・子どもが落ち着くまで待ってから、1日の予定、欠席児の確認をする。 ・排泄に行くよう促す。 ・済んだ子どもから1列に並ぶように言葉かけをし、ホールへ。	・お話をきけるように言葉かけしたり、近くに行って一緒に話をきく。
10:00		○プール遊び ・ホールで水着に着替える。 ・準備体操をする。「夢を叶えてドラえもん」他 ・順番にお尻を洗いプールに入る。 ・ワニ歩きでプールを往復したり、顔を水につけたり、水と触れ合う。	・着替えの補助をする。 ◎子どもたちが準備体操を楽しく行えるように工夫して行う。 ・石鹸でお尻を洗い、順番にプールに入るように言葉かけする。 ・安全に十分注意し、ワニ歩きの練習をしたり、自由に遊べるように援助する。 ・片づけをしながら、楽しく遊べるよう遊びを提供したりしながら援助する。	◎どの子も水を好み、伸び伸びと楽しそうに水遊びを行っていた。個人差はあるが、水に顔がつけられ「先生みて」と言って喜んでいた。 ◎遊具の使い方を教えあったり、遊具を貸してあげたりしている姿が見られた。

本日の実習から学んだこと

　今日は、水遊びを３歳児だけで行ったので、たくさん子どもたちと関わり、一人ひとりの子どもをよく観察することができた。個人差があり、一人遊びを好んでする子や、友だちや保育者と関わりながら遊びを工夫し、発展させ楽しんでいる子等、様々であった。生活の援助をする時、どこまで手助けをしていいのか迷うことも多くあり、着替えや給食等の時、きちんと言葉かけをし、できるだけ自分でやれるようにしなければいけないとわかっているものの、せかしてしまったり、「早く○○しよう」等言ってしまう時も多くあった。周囲の様子に目を向けながら、自分も早くしよう、自分でやろうと思えるような言葉かけや援助を意識していきたい。

　また、３歳児の人間関係の築きや広がりについて、子どもたちに"友だちとの関わり"を楽しむ様子が見られた。気の合う友だちと比較的一緒にいる時間が多いように感じた。IくんとKくんは仲が良く、外遊びの時、2人で自転車やごっこ遊び、セミの観察等をしている姿が見られた。遊びの途中、IくんがKくんに砂をかけ、Kくんが泣きながら「Iくんに砂かけられた」と言って来る場面もあったが、2人で「ごめんね」等と謝り、保育者（実習生）の仲立ちがなくても解決できていた。けんかの後も仲良く遊んでいる姿があり、2人は本当に仲良しだと思った。その他にも、元気いっぱいの仲良し男の子たちが集まり、コンビカーをひっくり返し、かき氷屋さんをしたり、ごっこ遊びをしている場面があり、給食の時も、自由席だと遊んでいた子どもたち同士が集まり給食を楽しみながら食べていた。

　３歳児になると気の合う友だちとの関わりが形成されていくが、うまく関われない子はもちろんいる。その子たちにどうやって友だちとの関わりを楽しんでもらえるかを考え、実行していくのも、保育者の重要な役割であると考えた。無理矢理集団の中に入れたりするのではなく、最初は手を繋ぎながら保育者と一緒に入ってみたり、その子がやりたいと思っている遊びに周りの子を誘ったりする等の援助があると思う。特定の場所で遊んでいても、それぞれが違う遊びをしている姿も見られるので、近くに行って場の雰囲気を味わうということも子どもにとっては大切であろうと思った。

　給食の前、Kちゃんが上履きを履くのに苦労していると、SくんやYちゃんが一生懸命履かせてあげようとしていた。なかなか履かせてあげられず、「先生（実習生）〜、もうやって」と言ってきたが、Kちゃんに上履きを履かせようとすると、Kちゃんは嫌がり、Sくんに「履かせて」と言うかのように、上履きを渡していた。人間関係の素敵な築きの場面を見ることができた。

◆日誌の視点・トピックの解説・捉え方・課題

＜実習の目標と観察の視点＞

　この実習日誌は、幼稚園実習前半（観察実習及び参加実習段階）、3歳児クラス初日のものです。この実習生は、本幼稚園実習の目標（自己課題）を「環境構成に着目し、環境から読み取れる保育者の意図や注意点を学ぶこと」と「遊びを通して、子どもの発達と人間関係の築き方を理解すること」とし、この日は後者の目標を中心に子どもを観察しています。

＜子どもの行動の記録と子どもの内面に触れた記録＞

　「本日の実習から学んだこと」欄には、質の異なる2種類の記録があると考えられます。1つ目は、子どもの行動の記録です。3歳児の遊ぶ姿から、遊び方や友だちとの関わり方の違いに気づき、3歳児の発達とその見通し、遊びの分類等の既習事項が結びついたからこそ、保育者の役割、自分が保育者として子どもと関わる時に意識したいことや援助の方法へと考察を進められています。2つ目は、子どもの内面に触れた記録です。"上履きを履く"という場面でのKちゃん、Sくん、Yちゃんの関わりから、子どもたちが人間関係を深めた瞬間に気づき記録できたことで、この実習生の子どもを理解する力が豊かになったことがわかります。

◆次に日誌を書く上での発展的な課題

　子どもが内面で経験したこと、それぞれの子どもにとっての意味を考え記録することです。日誌では、「人間関係の素敵な築きの場面」とまとめていますが、3人の子どもたちの内面での経験は同じだったでしょうか。Kちゃんは\Sくんに親しみを感じたとしても、SくんやYちゃんは違ったかもしれません。

　保育では、子どもが内面で経験する内容が重要です。保育者は子どもの発達に必要な経験を保育のねらいとし、多様な行動や感じ方をする子ども一人ひとりが主体的活動の中でその経験を得られるように環境の構成を考えます。ここでは、3人の子どもが、どのように友だちとつながっていったのか、そのプロセスを理解しその際の必要な働きかけを考えることが大切です。これは、この実習生がもう一つの目標とした環境構成から保育者の意図を学ぶことにも、自分の保育を考えることにもつながっていきます。

　そして、実習において子どもの内面に触れるためには、子どもたちの行動の結果や会話・言葉だけでなく、表情や身体の動きといったあらゆる表現に興味を持ちながら、子どもたちと積極的に関わることが必要です。

用語の解説

【平行遊び（parallel play）】

　友だちとの関わりが増え、特に遊びでは友だちとの関係が重要になる3歳児ですが、その遊びをよく観察すると、複数の子どもが場を共有し同じような遊びをしながらも、それぞれが独立して遊んでいる平行遊び（M.B.Parten,1932）の多いことがわかります。

【ごっこ遊び（pretend play）】

　象徴遊び（Piaget,J）に含まれ、子どもが日常生活の中で見聞きしたり体験した事柄を模倣して、つもりになって表現する遊びのことです。友だちとの関わりを深める中で、少しずつ共通のイメージを持って遊びを楽しめるようになります。

６月28日（月）		天候　晴れ	４歳児　にじ組		男児15名　女児13名　合計28名

本日の実習の目標 ・４歳児の、友だちとの関わりの様子について知る。 ・保育者の場面に応じた言葉がけについて学ぶ。				備考

時間	環境構成・子どもの活動		保育者の援助・留意点	実習生の動き（・）・気づき（△）
	環境構成	子どもの活動		
10：50	＜園庭＞	・みんなでしゃぼん玉を吹いて遊ぼうという保育者の声かけで、園庭に出てシャボン玉を吹いて遊ぶ。 ・虫かごをもって、虫探しをする子もいる。 ・片付けの合図で園内に入り、手を洗ってトイレに行く。１列に並んで担任に手を見せ、洗えているかチェックしてもらう。	・子どもたちにシャボン玉の液体と吹くためのストローを渡す。 ・子どもたちが遊ぶ様子を見守る。シャボン玉をやらない子には、みんなが楽しんでいる様子を伝えて、興味がもてるようにする。 ・「もうそろそろお弁当だよ。」と呼びかける。 ・子どもたちの片付けの様子を見ながら、シャボン玉の液体とストローを別々に片付けられるようにかごを用意する。	・子どもと一緒に園庭にでる。 ・シャボン玉の液体とストローを配る手伝いをする。 ・「先生、見ててー。」と言いシャボン玉を吹く子に、「すごいね！」「きれいだね！」「あっ、くっついたねー！」と声をかける。 ・担任の声かけに気付かないでいる子たちに、担任の言葉を伝える。 ・子どもたちと一緒に片づけをして園内に戻る。
11：20	＜靴箱前＞	・Aが泣きながら「Tが僕のここを２回段った」と実習生に訴える。 ・Tは保育室の隅で座り込んでいる。 ・Tは、実習生に「何があったの？　話してごらん」と言われるが、ただ黙ってうつむいている。さらに、「何があっても段っちゃだめだよね。お口があるんだからお話して解決できるでしょ。」と言われ、「だって、Aが僕に嫌なこと言ったんだもん。」と応える。 ・実習生がAの様子を確認に戻ると、Aは友だちと笑顔で話しながら靴を履き替えている。 ・Tは、製作コーナーに座って実習生をにらみつけたまま動かない。その様子に気付いた担任に声をかけられて言葉を交わし、しばらくするとほっとした表情になる。 ・弁当の準備をする。	・子どもたちの手をチェックしながら、「食べる時にいただきますって言えますか？」と個々に声をかける。 ・子どもたちに弁当の準備をするように促しながら、弁当用のテーブルを出す。 ・AとTのやりとりを見守っている。 ・実習生が二人に関わる様子を見ている。 ・実習生がTから離れるのを確認してTに近づき話しかける。 ・全員がテーブルに座ったのを確認してから当番の子にお茶を注ぐように声をかける。	・Aに呼び止められてそばに行き、なぜ段られたのか尋ねる。 ・Aは「僕が・・・って言ったから」と言ったが、よく聞き取れなかったので曖昧に相槌を打つ。 ・Aのそばにいた子が、Tは保育室にいると言ったので、AをそのままにしてTのところに行く。 ・Tに、Aとの間に何があったのか確認する。 ・Tの言い分をAに確認しに、Aのところに戻る。 ・Aの気持ちが切り替わっていたのでTのところに戻ろうとしたが、他の子に呼ばれたので、そのままにしてしまう。 ・子どもと一緒に手を洗って、「先生、ここ来てー」と言う子どもたちと一緒に弁当を食べる。
11：30				

本日の実習から学んだこと

＜いざこざについて＞

　本日、AとTとの間でのいざこざの仲裁をしましたが、「もっと双方の言いたいことや、どうしてこうなってしまったのかについての原因、本当はどうしたかったのか」などについて、その場でなくても後でさりげなく確かめる必要があったと思いました。Aが自分で気持ちを切り替えていたので、他の子に呼ばれたこともあり、Tへの対応が中途半端で終わってしまいました。Tとは給食後にいつも通りに話すことはできましたが、嫌な思いを蒸し返すのはどうだろうかという気がして、そのままにしてしまいましたが、間違いだったと後悔しています。ぶつかり合うことで経験する葛藤は、互いの気持ちを伝えあったうえで気持ちの切り替えができるように導くことが大切だと思います。今回は、AやTがどのような経緯で気持ちを切り替えたのか把握しないまま終わってしまいましたが、いざこざの経験を活かす関わりができるように心がけたいと思います。

＜言葉かけについて＞

　いざこざやトラブルの際の言葉かけは、子どもたち自身が互いに、自分の思いを主張し相手の思いを受け止める仲立ちをするものだと思っていました。しかし本日は、仲立ちというよりも、個々に言葉をかけ中途半端な関わりで終えたり、私自身の判断を先に伝えたりしてしまいました。担任の○○先生に言葉をかけてもらえていなかったら、Tは気持ちを切り替えることができなかったかもしれません。ぶつかり合っている場面で言葉をかけるだけでなく、気持ちが少し落ち着いてからでも、子どもの思いを受け止められるような言葉をかけることが大切だと学びました。

◆日誌の視点・トピックの解説・捉え方・課題

＜いざこざ＞

　園生活は集団の場であり、見方・考え方の異なる子どもが生活しています。そこでは、同じ欲求をもつ子ども同士、あるいは、思いや考えの違う子ども同士のぶつかり合いから、しばしば葛藤やいざこざが起きます。子どもは、自分のしたいことや自分の思うことが通らない時、それが相手のせいだと思うと、その相手に対して怒りが生まれます。その時に自分の気持ちを抑制できなければ、言葉や行動で攻撃を加えようとします。時にはお互いに譲らず対立することもあるだろうし、一方的に泣かせてしまい何か気まずいことをしたという気持ちになることもあるかもしれません。このような葛藤やいざこざは、それを通して相手の気持ちを知ったり、お互いの欲求の折り合いをつけていくことを学んだりする絶好の機会でもあるのです。

＜言葉がけ＞

　いざこざが起きると保育者は、互いの気持ちを引き出して相手に伝えたり、自分の気持ちがうまく表現できない時は代弁して伝えたりもします。このことは、子どもがなかなか気づきにくい相手の気持ちや欲求に、いざこざを通して気づかせることを意味しています。その際、それぞれの子どもの個性や発達段階、友だち関係によって言葉のかけ方を変えることが大切です。このような働きかけの繰り返しによって、相手の気持ちに気付いたり、自分の感情をコントロールしたりすることが次第にできるようになってきます。時には、すぐにいざこざに介入せず、自分たちで解決するのを見守ることも必要ですし、その場を収めることだけを目指して、「ごめんね」「いいよ」と形式的に言わせたり、いつも順番やじゃんけんで解決させてしまったりするのは、真の問題に向き合わせていないという点で問題があるといえます。

◆発展的課題

＜自己主張と自己抑制＞

　いざこざやぶつかりあい、喧嘩などの場面に出会ったときに、その場を収めるためだけの仲介をするのではなく、それぞれの子どもがどのような自己主張をしているのか、どのような場面で自己抑制ができているのかなど、一人の子どもの中で、自己主張と自己抑制のバランスがどのように働いているのか観察してみましょう。この、自己主張と自己抑制の狭間で葛藤状態をくり返し経験し、自分の中で、自己主張と自己抑制のバランスがとれるようになると、いろいろな場面での調整力が身につき、自己統制できるようになってくるので、友だちと協同して遊べるようになってきます。

● 用語の解説

【葛藤体験】

　心の中に相反する欲求・動機・感情が同時に存在し、どちらを選択しようか決めかねて迷う状態をいいます。例えば「お部屋で遊びたいけれど仲良しの友だちから外遊びに誘われた場合」や「一緒に遊んでいる友達との間でイメージや思いが一致しない」など、どうしていいか決められない状態です。ある程度の葛藤体験は、自分で決定していく力の育ちを促しますが、選択肢の中に他者からの強制やいじめのような否定的な葛藤要素が連続する場合は、保育者が介入するなどの配慮も必要になります。

【自己統制】

　自分の行動や感情などの心身の状態を他の人からではなく、自分自身で調整できることをいいます。葛藤体験を繰り返す中で、いったん自分の欲求を保留して、その行動やお互いの欲求を調整し、適切な方法を試行する力が身についてきます。そのためには、遊びのルールや生活の約束など、他律ではなく自分たちで見通しをもって考えられるように導くことが大切です。

9月27日（月）	天候　晴れ	4歳児　すみれ組	男児15名　女児15名　合計30名　欠席1名

本日の実習の目標	備考
・4歳児の遊びの様子を知る。 ・友だち関係を広げるための保育者の関わり方を学ぶ。	

時間	環境構成・子どもの活動		保育者の援助・留意点	実習生の動き（・）・気づき（△）
	環境構成	子どもの活動		
9:00	<4歳児保育室> ・製作コーナー…椅子、材料ワゴン ・お店やさん…机、椅子、商品入れの箱 ・紙粘土、絵の具3色 ・小型積木、電車、ミニカー <園庭> ・どろけいの陣地用マット ・プレーヤー ・色水遊びの絵の具（すりこぎ、おたま、ボール、コップ、草花入れのカゴ等）	○好きな遊びをする <4歳児保育室> ・お店やさんごっこ（H子、T子、A男／K男、A子等） …ままごとコーナーや積木の場に商品を並べお店やさんを開く。 ・製作遊び（K男、M男等） …自分の作りたい物を作る。K男、M男、T男は3人お揃いのピストル（ロール芯を2つ組み合わせた物）を作る。 ・紙粘土（A子、Y子、F男等） …絵の具で色を塗ったり形を作ったりする。 ・小型積木（B男等） …車や電車のコースを作る。B男とC男が車の取り合いをする。 <園庭> ・どろけい（K男、R男等、多数） …5歳児と一緒に、逃げたり追いかけたりして遊ぶ。 ・砂場（Y男、R男等） …裸足で川を作ったりトンネルを掘ったりする。 ・ダンス（Y子、H子等） …運動会で使用した曲に合わせて踊る。 Y子は、しばらくの間、H子たちが踊っているのを近くでじっと見ていた。 ・ジュースやさん（T子等） …草花で色水遊びをする。アサガオやヨウシュヤマゴボウで色を出し、ジュースを作る。	・友だちとの関わりが持ちやすいお店やさんごっこの場を用意しておき、遊びに誘う。 ・じっくりと製作に取り組めるよう椅子を用意する。また教え合う場を設けたり、工夫した取り組みを周囲に伝えたりして関わり合うきっかけを作る。（特にM子に対して） ・絵の具は3色を用意する。絵の具を混ぜたり乾く前に塗ったりしないように伝える。 ・小型積木は予め道路の一部を作っておき、遊びに取りかかりやすい雰囲気を作る。 ・どろけいでは、保育者も一緒に遊び始める。その後しばらくして、子どもだけで遊べるようタイミングをはかり遊びから抜ける。 ・砂場やダンス、ジュースやさんでは、子どもの楽しんでいる姿に共感し、その気持ちを子どもに「大きい山だね」「美味しそうね」と伝える。 ・Y子は一人になりがちなので友だちと関われるようにダンスの輪に入れるよう言葉をかける。 ・ジュースやさんの材料が足りなくなったため、必要以上に草花を採らないよう伝えながら、子どもと一緒にアサガオの花を摘む。	△お店やさんごっこの場や材料が用意されていたため、お店やさんに参加する子がたくさんいた。 △保育者は、「M男くん、ちょっとT男くんのピストル、押さえてあげてね」と周りの子に補助を頼む等して、友だち同士で協力して作れるように援助する。 △F男は、手が絵の具で汚れることをとても嫌がっていた。神経質な面があるのかもしれない。 ・B男とC男が車の取り合いをした時に「ダメよ」と言うだけで2人の言い分を聞いてあげることができなかった。 △どろけいのルールをまだ理解していない子も、保育者と手を繋いで走ることで安心して遊べていた。まだ自分たちだけでは遊べないようで、保育者が抜けた後は5歳児のみが残った。 ・砂場での遊びから抜けるタイミングがつかめず、他の遊びの様子を把握することができなかった。 △自分から遊びに参加できないY子にとっては、保育者が誘った一言が嬉しかったのだろう。 △保育者の言葉がけがあったので、子どもたちは自分が必要な分を考えてアサガオ等の草花を摘めたのだと思う。
10:40		○遊びに区切りをつけ、友だちと一緒に片付けをする。		

本日の実習から学んだこと

～遊びの場面を中心として～

　子どもたちは、登園して身支度を整えると、保育室か園庭で好きな遊びに取り組んでいました。休み明けのため、中には何をして遊ぶか少しの間迷っている子もいましたが、お店やさんごっこ、どろけい、ジュースやさん等、遊びの場や材料がいろいろと用意されていたために、自分のしたい遊びが見つけられたのだと思いました。

　4歳児は、友だちと同じピストルを作りたがったり、友だちがしている遊びに興味をもったりすることが多いことがわかりました。しかし、積極的に遊びに参加できる子ばかりではないので、保育者が「一緒にやろうよ」「ほら、どろけいしてるね」等と友だちと遊べるように誘う援助も大切だと思いました。また、保育者は、すぐ手助けしてしまうのではなく、友だち同士で手伝ったり教え合ったりする機会がもてるように言葉かけをしたり見守ったりしていました。私は、子どもに頼まれるとすぐに手伝っていたので、明日は援助の仕方を工夫してみたいと思います。

◆日誌の視点・トピックの解説・捉え方・課題

　この日誌例は、「本日の実習の目標」にあるように、「4歳児の遊びの様子」と「友だち関係を広げるための保育者の関わり方」に視点をあてて書かれた日誌の一部です。遊びの場面では、子どもたちがどのように遊びを展開しているのか、そして、保育者はそれぞれの遊びにどのような援助を行っているか、個々の子どもにどう関わっているかについて丁寧に見とる必要があります。

＜遊びの内容の見とり＞

　単に「お店やさんごっこ」「製作遊び」といった遊び名を挙げるだけでなく、遊びの内容についても具体的に記述するとよいでしょう。また、遊んでいた子どもの名前（必ず仮名で書くこと）も載せておくと、子ども理解に役立ちます。例えば、お店やさんごっこでは、H子、T子、A男の3人とK男、A子の2人が別々に遊びを進めていることが日誌例から読み取れます。

＜遊びにおける保育者の援助＞

　例えば、「小型積木は予め道路の一部を作っておく」という保育者の行動の背景には、「遊びに取りかかりやすい雰囲気を作るため」という援助の意図があります。この日は、休み明けの月曜日であったため、前週の遊びを思い出して取り組みやすいように、保育者は、お店やさん、どろけい、ジュースやさん等、いろいろな遊びの場や材料を用意しています。

＜友だち関係を広げるための関わり＞

　保育者は、すぐに手助けするのではなく様子を見守る、友だち同士で手伝ったり教え合ったりする機会がもてるような言葉がけをするといった関わりを心がけています。ただし、H子たちがダンスを踊るのを、じっと見ているだけのY子に対しては、遊びの輪に入れるよう言葉をかけ、Y子の行動を後押ししています。このように「友だち関係を広げるための関わり」について気づいた内容を、「実習生の気づき（△)」の欄に書くことが大切です。

◆発展的課題

　その日の日誌を書き終わったら、翌日の「本日の実習の目標」を立ててみましょう。例えば、「ある遊びを一緒に楽しんでしまうと、他の遊びが全く見えなくなってしまう。明日は全体を見ながら、子どもたちと関わりたい」とか「遊びの様子はだいたい把握できた。しかし、子どもたちが思い思いに遊んでいると、自分がどの遊びにどのように関わればよいのかわからない」といった思いが生じることと思います。その思いを翌日の課題（実習の目標）として設定することで、遊びにおける援助の学びが深まります。

● 用語の解説 ●

【遊びの援助】

　幼児教育では、遊びを通しての指導が中心となります。しかし、「理論的にはわかっていたが、実際の遊びの場面でどのように関わればよいのかわからない」といった声を多く耳にします。「積極的に関わろうと思い、5歳児の遊びに入ったら、担任の先生に『自分たちだけで遊べているから関わりすぎないように』と指導を受けてしまった」と頭を痛める実習生もいます。

　どのような関わり方がよいかの正解はありません。子どもの実態をよく見て、「今はこの遊びに介入した方がよいと思った」「遊びには加わらず、様子を見守ることにした」等、自分なりの理由（保育の意図）をもって行動することを心がけましょう。

トピック⑬　５歳児の協同性【幼稚園・５歳児】

9月25日（木）　　天気：晴れ	配属クラス　5歳児　ほし組　男児12名　女児18名　合計30名

観察のテーマ：好きな遊びの中で友だちと相談しながら遊びを進める様子について

時間：9：30～10：45　　13：00～13：30　　場所：ホール

　登園して身支度が終わると誘い合ってホールに行き、昨日残しておいた積み木の枠の中にシャワーを設置したり、洗い場を作ったりし、だいたいの形が出来る。A子が保育室からスズランテープでできたポンポンを持って来て浴槽の中に入れると、B子が「お風呂入ろう～」と言いながら浴槽に入る。C子・E子も浴槽に浸かったりシャワーを浴びたりする。

　A子とD子は日帰り温泉のようにお客さんを呼ぶイメージを持っているようで、看板、受付を作り始めるが、B子たちは手伝わない。しばらくして、ホールに来た4歳児が「お風呂に入りたい」と言い、それを聞いたA子が「いいよ」と勝手に答えてしまう。このことをきっかけに4歳児が雪崩のように"おふろ"に押し寄せる。D子が「いらっしゃいませ。ここで靴を脱いでください。」と言うとA子が「今日はタダです。」と言う。それを聞いていたB子・C子・E子も浴槽から出てきて4歳児を誘導し始め、日帰り温泉のイメージで遊びが展開していく。しかし、D子は靴を脱ぐように言うがC子は靴を履いたまま中に入れる、A子は自分たちで作った受付の場所で対応するがE子は動き回る、風呂の枠が壊れても誰も直そうとしない、など、5人のイメージが共有されていない。4歳児が帰ると、荒れ放題になった風呂を見て、C子が「なんでAちゃんはうさぎ組さんを勝手に入れたの？」とA子に詰め寄り、D子も「まだできてないのにAちゃんがいいよって言ったからぐちゃぐちゃになっちゃったじゃない」と言ったので、A子が泣き出してしまう。

S先生「みんなはうさぎ組さんが来たの嫌だったの？」
D子「嬉しかった」B子「嫌じゃない」C子「嬉しかった」
E子「楽しかった」
S先生「みんな嬉しかったのに、なんでうまくいかなかったのかな？」
A子「受付作ったのに、勝手にお風呂に入っちゃった」
B子「お風呂もちゃんと完成してなかった。」
D子「看板のところに入口作って、受付に行ってくださいとか言う人がいればいいんじゃない。」
S先生「明日もうさぎ組さんに来てもらえるように、どうしたらいいかみんなで考えようか。」
D子「夏休みにママとパパとお姉ちゃんと一緒に日帰り温泉に行ったとき、タオル渡す人がいたよ。」
E子「私も行ったことある。靴脱ぐところと着替えるところがあったし、着替えるところお掃除する人がいたよ。」

A子「シャンプーやリンスがあったし、座る椅子や洗うもの（桶）があったよ。」
S先生「じゃあ、お弁当食べたら準備して、明日もうさぎ組さんに来てもらおうよ。」
D子「うん、そうしよう。」担任「それじゃあ、ぐちゃぐちゃになったところだけ片付けてお弁当にしようか。」
　弁当後、5人で相談して、看板、受付、靴置き場、脱衣所、備品を準備し、受付係、案内係、掃除係など役割分担する。
D子「名前決めなくちゃ。」B子「ほし組だから星の湯はどう？」A子「星ってスターっていうんだよ。スーパー銭湯スターは？」
D子「スーパー銭湯って知ってるよ‼」B子「スターってかっこいいね。」E子「じゃあ、スーパー銭湯スターでいいじゃん。」
　C子が「うさぎ組さんに、明日来てくださいって言いに行こうよ。」と言い、次の日にすぐ開店できるように整えてから、5人でうさぎ組に「スーパー銭湯スターに来てください。」と宣伝しに行く。

観察のテーマで学んだこと：協同性

　最初は、お風呂に入ることを楽しむB子・C子・E子と、日帰り温泉を作ろうとするA子・D子が一緒に遊んでいて、イメージが違っていてももめることはありませんでしたが、4歳児が加わったことでそれぞれのイメージが共有されていないことがはっきりして、そのきっかけを作ってしまったA子が責められてしまいました。私だったら、なぜ荒れ放題になってしまったのかみんなで考えるように声をかけると思います。しかしS先生は「みんなはうさぎ組さんが来たの嫌だったの？」「みんな嬉しかったのに、なんでうまくいかなかったのかな？」という言葉で、誰かを責めるのではなく、どうしてうまくいかなかったのか、どうしたらうまくいくのかという方向で自分たちの考えを伝えあい、うさぎ組さんをスーパー銭湯に呼ぶという共通の目的をもって準備を進められるように導きました。今まで何となく共有していた「お風呂やさん」というイメージが崩れた時、S先生の言葉で、「うさぎ組さんに来てもらう」という共通の目的が生まれました。そして、みんなで話し合うことで新しいアイデアを生み出したり、協力して準備したり役割分担したりするなど、力を合わせて最後までやり遂げようとする協同性が見られるようになったのだと思います。私も、すぐに結論を出すような働きかけをするのではなく、子どもたちの気づきを促し、自分たちで考えて遊びを進める喜びややり遂げた達成感を感じられるように、環境を整えたりヒントを出したりできるようになりたいと思います。

◆日誌の視点・トピックの解説・捉え方・課題

＜協同性＞

　5歳児になると、友だちと意見が食い違っても、自分の主張や要求に固執するばかりでなく、譲歩したり妥協案や条件を出したりなどして遊びを続けようとする気持ちが出てきます。友だちの意見を聞き、試行錯誤を繰り返しながら、一緒に協力して達成する喜びを友だちと共有するようになったり、遊びの中で互いに意見を出し合い考えあう過程で、イメージや考え方が伝わり、共有化できるようになったりするとともに、互いの考えや良さを受け止め合えるようにもなっていきます。そして、自分たちで遊びを進めるうちに、自分たちなりの目的が生まれ、工夫したり、協力したり、話し合うことで新しいアイデアを生み出したり、自分の役割を考えて行動したりするなど、力を合わせて最後までやり遂げようとする姿（協同性）が見られるようになります。このような姿は、子どもが環境に主体的に関わり遊びや生活を進めていく中で育つと言われていますが、行事を通して育つ協同性もあります。結果を見せる行事ではなく、その過程で、子ども一人ひとりの意思が育ち、みんなの中で生かされる喜びが生まれ、子ども同士が育ちあい学びあう関係を作るような取り組みが協同性を育む行事といえるでしょう。そのために保育者は、子どもたちの気づきを促し、自分たちで考えて遊びを進める喜びややり遂げた達成感を感じられるように、環境を整えたりヒントを出したりする役割を担います。

◆発展的課題

＜個と集団の育ち＞

　子どもが、主体的に環境にかかわり遊びや生活を進めていく中で、また、行事に向かって取り組む中で、これまで積み重ねてきたさまざまな経験や友だち関係をもとに、一つの目的に向かって、友だちと力を合わせて取り組み実現しようとするようになると、協同性の高い集団が形成されます。集団で遊んだり活動したりしている場面で、それぞれの子どもの思いがどのように活かされあっているのか、また調整し合っているのかなどの視点で観察してみましょう。集団で生活する中で、互いに刺激を受け合い影響し合いながら個の発達が促され、その一人ひとりの力が集団の中で発揮され、役割が生まれ、子ども同士が関わり合うことによって遊びや活動はさらに楽しくなり、集団全体が育っていくと考えられます。保育者は、個々の育ちが集団をつくり、集団の育ちが個の育ちを促し、個の育ちが集団の育ちへとつながっているということを理解して、個々の子どもや集団に関わるように心がけなければなりません。

用語の解説

【行事】

　行事は、定められた日時に特定の目標をもって行うものです。園で行う行事には、入園式、卒園式など園生活の節目として行うもの、園外保育や文化的な行事など子どもの遊びや生活に潤いを与えるもの、避難訓練や各種検診など法令などに定められていて必ず実施しなければならないものなどがあります。全ての行事には、子どもが経験するにふさわしい教育的価値があり、長期の指導計画の中で、行事の前後の活動の流れを考えながら必要な体験が得られるようにすることが大切です。日常の保育とかけ離れていたり、練習を強要したり、必要以上に大人が手を加えたりすることのないようにしなければなりません。

トピック⑭　就学前の保育【幼稚園・5歳児】

2月16日（木）	天候　　晴れ	5歳児　かえで組	男児18名　　女児18名　　合計36名　　欠席2名

本日の実習の目標 ・小学校就学を見通した保育者の言葉がけを知る。	備考

事例と考察

○生活発表会の練習時のT子について

（事例）

　朝の会で保育者は、ティッシュを使って説明しながら「三つ撚りの糸」の話をし、みんなで力を合わせることの大切さや、そのためには自分のことだけを考えて行動するべきではないことを伝えた。また、去年の5歳児が生活発表会で助けてくれたことを例に挙げて話していた。

　その後の生活発表会の練習（劇「はらぺこあおむし」）の時、子どもたちは、曜日班ごとに、前に出て台詞や動きの練習をしたり、自由に練習したりしていた。T子は月曜日班の列の先頭で、その中の果物グループの"トップバッター"でもある。前に出て練習する時は、後ろのメンバーに向かって「立って」『せーの』で大きい声で『月曜日』って言うんだよ」とT子は積極的に声を出していた。また、自由に練習する時も、一番後ろの5歳児かえで組のK男と合図を送り合い、台詞のタイミングを合わせていた。さらに、前へ出てあおむしグループと通しで練習をした時も、4歳児ゆり組のメンバーのことを気にかけ手を引いて場所を教えてあげたり、台詞を忘れている時は目で合図を送っていた。

　練習後、保育者に笑顔で「どうだった」と尋ねていた。すると、保育者は「T子ちゃんが頑張ってゆり組さんを引っ張ってくれているから、みんながついていっているのよ。ありがとう」と言った。

（考察）

　T子は、友だちのために動いたり、友だちの気持ちを推測し自分はどう行動すべきかを考えたりできる子であると思う。4歳児ゆり組のために動くことができたのは、T子が日頃から友だちのことを考えて行動できる力があったことに加え、練習直前に保育者が話した「三つ撚りの糸」の話の影響も大きいと考えられる。朝の会での様子からも、子どもたちは、自分たちが4歳児の時に5歳児かえで組だったお兄さん、お姉さんたちに対し憧れを抱き、そうなりたいと思っていることがわかった。T子は、練習がどうであったか保育者に尋ね、誉められてとても嬉しそうな表情をしていたことからも、保育者の話を受け、保育者の期待に応えたいとの思いが強いと考えられる。

本日の実習から学んだこと

○小学校就学前の子どもたちへの言葉がけについて

　観察をしていて、名指して注意したり、「〜するんだよ、〜しましょう」と保育者が具体的に指示したりすることは少ないと感じました。自分で気づいて行動する、友だちのことを考えて行動する、この2点が今の子どもたちに身に付いてほしい力であり、保育者は、そのことに留意して言葉をかけたり話をしたりしているのだと思います。特に、朝の会での「三つ撚りの糸」のお話は、子どもたちに協力することの大変さと大切さを学ばせるにはとても分かりやすい内容だと感じ、参考になりました。

実習を終えての反省・感想　（※このページは、実習終了時に実習全体をふり返って記入する）

　実習を始めるにあたり、こども園と小学校の連携を知る、5歳児就学前の保育者の言葉がけを知る、生活習慣の指導法を知る、この3点を実習目標として設定した。

　まず「小学校との連携」について述べる。実習園では公立小9：私立小1の割合で進学するというが、園で数字や文字を教える活動は行われていなかった。しかし、遊びコーナーに文字を書く道具が置いてあったり、保育者の呼びかけで子どもたちが数を数えたりしていた。直接的な指導は行われていないが、子どもの実態を見ながら遊びとして活動に取り入れていた。また、小学校の先生と5歳児担任の先生との面談が行われていた。ここでは、子どもの様子、保護者の様子、アレルギー等について話し合うという。小学校は、入学してくる子どもたちについて把握した上でクラス編成等の準備を行っていることを知った。

　2つ目の保育者の言葉がけを知るについては、勉強になる点がたくさんあった。当初、私は「〜するんだよ」と指導的な言葉がけを行っていたが、その言葉がけでは子どもの主体的な力や積極的な気持ちを引き出せないことに気づいた。実際、保育者は年齢に応じて適切な言葉をかけていた。特に5歳児には、自分で気づいて動けるような言葉をかけていた。子どもたちは、言われなくても気づく子、言われて気づく子、言われてもなかなか気づかない子と様々だったが、気づいた子がまだ気づいていない子を注意している姿を見ることも多かった。気づきを共有し合う姿は、子どもたちの心の中で「みんなで頑張ろう」と思う気持ちがあるからこそ引き出されたのだと思うし、保育者の言葉がけの大切さを実感した。

　最後の生活習慣の指導では、取り立てて指導する場面は見られなかったが、生活の中で保育者が箸を使うように勧めていたり、小学校と同じように子どもたちが当番で掃除を行ったりしていた。子どもの話だと、箸の使い方は家庭で教わったという子が多かった。小学校の給食では基本的には箸を使用するが、就学前にも箸を使える子が多いことを知って、小学校での箸指導についても考えさせられた。

◆日誌の視点・トピックの解説・捉え方・課題

この日誌例は、「就学前の保育」に視点をあてて書かれた日誌（5歳児2月）の一部です。就学前の生活発表会に向けて取り組む子どもの姿や保育者の関わりが読み取れます。

＜就学前の子どもの姿＞

この日誌では、本日の実習の目標を「小学校就学を見通した保育者の言葉がけを知る」としており、「事例と考察」の欄でも、就学前の子どもたちに対し保育者がどのような言葉がけをしていたか、その言葉がけが子どもたちの行動にどう影響したかについて、Ｔ子の事例を取り上げて考察しています。Ｔ子に、友だちと協同的な活動を進める態度、4歳児を思いやる心が育っていることがわかります。

＜就学前の幼児への言葉がけ＞

「本日の実習課題から学んだこと」で書かれているように、担任は、小学校就学前の子どもたちに、「自分で気づいて行動する」「友だちのことを考えて行動する」ことを期待しており、自覚を促すような言葉がけを心がけています。また、実習生は、「〜するんだよ」といった指示的な言葉かけばかりでは、この時期の子どもの主体性ややる気を引き出しにくいことに気づいています。

＜実習を終えての反省・感想＞

この欄は、実習終了時に実習全体をふり返って記入するところです。実習当初にたてた「実習の目標」は達成できたかどうかについてふり返ることが大切です。「実習の目標」で立てた項目一つ一つについて具体的に記述することで、自分の実習での学びが明確になります。

この日誌例からは、入学に向けて、遊びながら文字や数に触れる環境の設定、小学校教員との子どもの情報交換等、幼小の連携が図られている様子を知ったり、子どもたちの自立的な行動を促す保育者の関わり方を学んだりしていることがわかります。一方、箸の使い方という生活面の内容において、幼小連携の課題を見出したようです。

◆発展的課題

卒園を控えたこの時期、生活発表会、お別れ会、卒園式といった行事の準備に忙しい園も少なくありません。劇や行事の練習等、クラスで集まって取り組む活動時間が増えることも多くなります。クラス全体の活動に注目することはもちろんですが、日誌例のように、そこでの一人ひとりの様子も丁寧に見とることを忘れないようにしましょう。

【就学前の保育】

4月の小学校入学への期待感を高め、小学校を身近に感じられるようにと、小学生との交流活動を行う園もあります。就学前の保育として大切な活動ですし、多くの子どもにとって、とても楽しみな活動です。しかし、中には園内とは異なる人間関係に戸惑う子ども、進学への不安を抱える子どももいます。そういった子どもの心の動きを見とることが大切です。

学籍番号（　　　　　　　　　）　実習生氏名（　　　　　　　　　　　　　　　　　　　）			
８月27日（月）	天候　晴れ	縦割りグループひまわり	男児５名　女児４名　合計９名

本日の実習の目標	備考
・沐浴の手順や留意点を確認し、実際に経験をして学ぶ。 ・保育者の言葉かけについて学ぶ。	

時間	環境構成・子どもの活動		保育者の援助・留意点	実習生の動き（・）・気づき（△）
	環境構成	子どもの活動		
8:30 9:30 10:00	＜保育室＞ ３畳分のたたみの上には、乳児が遊ぶ握りおもちゃが用意されている。その隣の棚には、這っていってつかんで遊ぶためのおもちゃがわかりやすく配置されている。 ＜沐浴室＞ 沐浴槽が二つあり、バスタオルなどを置く棚がある。	・１歳前後の子はブロックやミニカーなどで遊んでいる。それを見てＡがずりばい（腹這い）で近寄っていき、じっと見ている。 ・Ｓ（１か月）が、おなかがすいたのか、少しぐずりだす。 ・Ｓが実習生に抱かれてミルクを飲みだす。吸い方が弱いからか、ミルクの量が減らない。 ・Ｔが、遊んでいるところに職員Ｈが通ったので、職員Ｈを見上げて、抱っこしてほしそうに手を伸ばす。 職員Ｈに服を脱がせてもらい、沐浴槽に入って、洗ってもらう。お湯に入って気持ちよさそうにしている。 ・実習生に「Ａちゃんもお風呂入ろうか？」と声をかけられて振り向く。先週からよく一緒に遊んでいる実習生なので手を伸ばして実習生に抱かれて、沐浴室に行く。 ・Ａは沐浴室に実習生と来るのは初めてのためか、保育者Ｈの顔と実習生の顔を見比べたりしながら、不安げな様子で沐浴槽に入る。お湯に浸かってしばらくするとほっとした表情になる。	・朝の引継ぎ（申し送り）を行う。引継ぎの打ち合わせに参加しない職員は、子どもと遊んだり、おむつ交換を行う。子どもの体温を測る。 ・Ｓの日課表を確認しながら、実習生にミルクを作るよう指示をする。 ・職員ＣがＳに授乳を始める。ゴクゴク飲もうねなどと、声をかけたり、ミルクを揺らしたりして誘う。飲み終わったあと、たて抱きでゲップをさせる。 ・職員Ｈが「Ｔくん、お風呂入ろうね」と言いながら、Ｔを抱き上げる。実習生に、沐浴の手順を観察するよう指示する。「お風呂に入ってキレイキレイしようね」「あったかいね」「気持ちいいね」とことばかけをする。 ・Ｔの沐浴をしながら、安全面、衛生面の諸注意、洗う順番や子どもへの配慮の仕方などについて実習生に説明する。Ｔを職員Ｃに引き継ぐ。実習生にＡを連れてくるように指示をする。 ・実習生の沐浴を見ながら安全に配慮しつつ言葉かけをする。	朝の挨拶のあと、子どもと一緒に遊ぶ。 ・ＴとＡの子どもの体温を測る。 ・Ｓちゃん（１か月）のミルクを作るように指示され、作りに行き、Ｓに授乳を行う。うまく飲めず途中で職員Ｃに代わってもらう。 ・Ｔ（10か月）やＡ（７か月）と一緒にミニカーのコーナーで遊ぶ（Ｔは棚の一角にあるミニカーのコーナーがお気に入りの様子で、昨日もミニカーで遊んでいた）。 ・Ｔくんの沐浴の様子を観察する。（洗う順番は目―口―顔全体―鼻―体全体―脇―股など、湯温の調節） ・Ａを「Ａちゃんもお風呂入ろうか？」と誘って抱き上げ沐浴室に行く。服を脱がせながら「キレイキレイしようね」と声をかける。 ・お湯が張れていないことに気づき張り直す。 ・沐浴の手順を思いだしながら沐浴を行う。 ・洗い終わってタオルでふき、Ａの着衣と水分補給を行う。

本日の実習から学んだこと

＜沐浴について＞

　本日は、沐浴を中心に学びました。大学の人形で行ったことはありましたが、実際の赤ちゃんで行ったことはありませんでした。私は、７か月のＡちゃんを沐浴させていただきましたが、重さも違い、動きもあるので、落としてしまわないか不安でした。沐浴の手順を覚えたつもりでしたが、途中で頭が真っ白になってしまい、Ａちゃんの服を脱がす前に肝心のお風呂のお湯を張るのを忘れてしまいました。するとまた焦って失敗しそうになって、何度もＨ先生に助けていただきました。そのあと、先生から子どもの頭を支える手を少しお湯につけるようにすると、重力がなくなって安定しやすいとアドバイスをいただきました。ただ、その反面、子どもの耳が水面に近づくため注意しなければならないとも聞き、子どもが安全に、しかも落ち着いて沐浴できるようにするための技術を習得しなければならないと思いました。

　沐浴は、一歩間違えると、命の危険につながりかねません。子どもが安心して沐浴できるようにするためには、まずは手順や留意点を頭に入れ、不安感なく行えるようにする必要があります。また、沐浴では、汗や汚れを落とすだけでなく、発疹やあざなど全身チェックも重要です。午前中食べたもののアレルギーも、ここで発見することで大事に至ることを防ぎます。沐浴は衛生面だけでなく健康、安全や安心感が重要なのだと学びました。

＜言葉かけについて＞

　沐浴の際の言葉かけには、「お風呂に入るよ」「気持ちイイね」だけでなく、「おめめキレイキレイ」「こんどはお鼻だよ」「あたたかいね」「アワブクブク」「せっけんブクブク」など、多くの言葉かけがあることに気づきました。しかし、今回の沐浴では、自分からこうした言葉かけをすることはできませんでした。

　今回は、言葉かけも、全身チェックも、行う精神的余裕がなかったため、次に機会をいただいた時には、余裕をもって沐浴ができるようにしたいと思います。子どもの健康や担当保育者とのアタッチメントの形成においても沐浴の時間は重要だと感じました。

◆日誌の視点・トピックの解説・捉え方・課題

＜沐浴＞

　沐浴には手順があります。お湯を張り、着替えを用意してから赤ちゃんの服を脱がせるのは、赤ちゃんの安全面を考慮してのことです。また脱がせた際には必ず全身の観察を行い皮膚や表情をチェックします。実習生も気づいているように、沐浴で重要なのは「保健衛生」と「健康管理」だけでなく、赤ちゃん自身の「安心感」です。抱くおとなの不安感は抱かれる赤ちゃんにも伝わります。見慣れない実習生に抱かれる乳児の立場に立って、落ち着いて行えるよう深呼吸をして臨みましょう。

＜言葉かけ＞

　日誌では、沐浴時の保育者の言葉かけが記録されています。前言語期にいる赤ちゃんとの間では、言葉でやりとりすることはできませんが、赤ちゃんは、表情や身振りでおとなの言葉をしっかりと受け止めています。実習生も赤ちゃんの表現を即応的に感受的に受け止め、共有世界を作っていきたいものです。

◆発展的課題

＜新生児へのかかわり＞

　保育所では、労働基準法で産前6週産後8週の休暇が認められていますので早くても入所時では約2か月となりますが、乳児院では生まれて間もない赤ちゃんも入所しています。新生児は体力も抵抗力も弱く大泉門も閉じていないため、抱き方や衛生面には特に気をつけたいものです。また、生まれてすぐの赤ちゃんは、吸啜反射、モロー反射、把握反射などの新生児反射が見られますが生後4か月くらいから消失し、6，7か月では完全にみられなくなります。さらに、新生児はおとなが「舌出し」や「口の開閉」をすると、その模倣を行い、外界に能動的に関わる力もあることがわかっています（Meltzoff,A.N.,&Moore.,M.K.,1977）。新生児の行動をよく観察して、記録をとってみると意外な変化がわかるかもしれません。

＜愛着形成とアタッチメント＞

　アタッチメントとは「特定の他者に対してもつ情緒的な絆」（Bowlby, J. 1973）のことですが、赤ちゃんは、6か月くらいに養育者と見知らぬ人を区別し始め、8，9か月には人見知りを始めます。アタッチメント形成のタイプは、乳児の気質や個人差、養育者の応答性の違いによって決定すると言われています。乳児院では、担当制をとる施設が多く、保育者が敏感に対応していますが、どのような場面でどんな育児行為を行っているのか、アタッチメント行動を保育者がどう受け止め理解して関わっているのかなど、観察し記録するとよいでしょう。

【沐浴と清拭】

　乳児のからだを清潔に健康に保つために、乳児院や保育所では、沐浴や清拭を行っています。沐浴は、沐浴槽を用いてからだを洗うことで、清拭はお湯で湿らせて絞った布で全身を拭くことです。お湯につかることで血液の循環が良くなり新陳代謝も促されます。しかし、授乳後は吐くこともあるため、授乳と授乳の間の時間を選んで行います。洗う場所にも順番があります。赤ちゃんの目を最初に拭くのは、感染症対策です。長く浸かりすぎると体力を消耗するため、浸かる時間は6、7分くらいにします。

【アタッチメントの意義と役割】

　アタッチメントは「ヒトを含む動物の子どもが養育者と身体的にしっかりとくっつこうとする行動特性」（明和，2019）のことです。幼少期に養育者と安定したアタッチメントを築くことで子どもは成長した後もその記憶を基に誰かに依存せずにふるまえるようになると言われています。乳幼児にとっては、①養育者との関わりを通して人間というものに対する基本的信頼感を持つ。②アタッチメントの対象を心理的拠点として外界探索を活発に行えるようになる。③アタッチメント対象との間で人と関わる楽しさを経験し、"人と関わる力"を育てる、という役割が期待されます。

トピック⑯　乳児院でのリスクマネジメント【乳児院】

9月27日（月）	天候　晴れ	0歳児～2歳児	入所中の男児15名　女児15名　合計30名

本日の実習の目標 ・乳児院入所乳幼児の健康管理について学ぶ。 ・調乳、授乳の仕方の再確認　（実習 3 日目）。	備考

時間	環境構成・子どもの活動		保育者の援助・留意点	実習生の動き（・）・気づき（△）
	環境構成	子どもの活動		
8:30	＜0～1歳児室＞ ・職員室 ・	ベビーベッドや室内で玩具を用いて遊ぶ。	・入所乳幼児の保安体制の中、朝の事務引き継ぎ。 ・各グループ2～3人が乳児院全体の事務引き継ぎに参加し、乳幼児の昨日までの健康状況等を共有する。引き継ぎに参加しない職員は乳幼児と室内で遊んだりする。	・職員とともに乳幼児の様子を観察し、一緒に遊ぶ。調乳・おむつ交換なども職員の助言を受けながら行う。 ・職員の指示でいきよくへの持ち物準備。 ・公園ではSちゃん（10ヵ月）と一緒に行動する。職員ま動きを見ながら、衛星面・安全に気配りも忘れず積極的にSちゃんに声かけをしながら自然に興味を向けるよう働きかける。 ・帰園後の乳幼児の手洗いの手伝い。 ・昼食の準備の手伝い。
9:30～10:15	・園庭（外遊び）	外気浴 0～1,2歳児はバギーに乗って散歩にでかける。おもちゃも持って公園に向かう。 公園の中で持参したおもちゃで遊んだり、風に吹かれる草花に触れる中で季節感を体感する。	・がいきよくに出向くため引率。おもちゃやゴザの持ち込み準備。現地でのゴザ引き。 ・現地到着後はゴザの上に座れる幼児は座らせて対応。「そっち行き過ぎると危ないよ」等、目配り・声掛け。	
10:15～11:30	帰園 帰園後の手洗い等	帰園し、職員に手を洗ってもらったり汚れた衣服の交換・清拭等をしてもらう。 後、自由遊び。	帰園後の手洗い・衣服の着替え。 昼食の準備。	・（昼食指導をはさんで休憩時間） 休憩後午前中に使用したおもちゃの消毒。 Tちゃんの授乳を担当。 職員に「Tちゃんは背中を両手で軽くトントンしてあげながら時々頭を撫でてあげると心地よく寝られる」旨。助言をもらい実行する。 ・その後Rちゃんの授乳を調乳から行う。 10分ほど経った頃に授乳中のRちゃんが咳込んでしまったため、体を起こす等をおこなったがおさまらず職員をすぐ呼び代わってもらう。
11:30	食堂	食堂にて昼食。	昼食指導。	
14:30	午睡・浴室	沐浴をする幼児。 うたたねをする乳児。 おもいおもいに過ごす。	沐浴準備。沐浴指導。 沐浴後の着衣・授乳指導。	
17:30	（実習終了）			

本日の実習から学んだこと

　本日は健康管理を中心に学んだ。体温については毎朝乳児の起床後すぐの6時と、午睡した際の13時に測定することで、一人一人違う平熱をそれぞれ把握しておく必要がある。ただ、当日の気温や室内の温度状況・空調の状態など外的な要因も十分頭に入れておくことも必要という点も学んだ。また、体温だけでなく、呼吸の様子や表情・泣き方などからも乳幼児は体調が見えるので、自分から訴えられることが少ない乳幼児だからこそ、そのサインを見落とさないことの大切さを学んだ。

　最近はアレルギーやアトピー性皮膚炎を持つ乳幼児が増えてきており、アレルギー除去食への配慮やスキンケアが欠かせなくなってきている。職員の方々は、食事・沐浴の際や着替えの際にこうした点についても気配りを欠かしていないことも学んだ。

　乳幼児は免疫力が大人に比べて低く、感染症にもかかりやすい。一人一人の乳幼児に具体的にどのようにかかわっていけばよいのかを現場の職員から聞けたことは大きな収穫であったと思う。また乳児院は24時間365日子どもと一緒に生活する施設のため、集団としての日課の流れがある中でいかに愛着関係を形成し、家庭的な養育に近づけていくかについても心を砕いておられることを学んだ。

　私は今日の実習の中で授乳中に乳児がむせかえり、どうしたらいいかわからなくなったが、職員にすぐ知らせた。実習生としてはすぐに職員に知らせることで困難な場面を乗り切ることができたが、職員はこうした場面にあっても落ち着いて対応する必要があり、豊富な経験とともに、それを裏付ける大学で学んだ知識と技術を持っていることが自信につながることをあらためて体感した。

◆日誌の視点・トピックの解説・捉え方・課題

　乳幼児はからだも小さく、抵抗力が児童や大人に比べて低い特徴があります。実習だからといって注意を欠く対応をしていると、ほんの小さなミスが乳幼児の生命にかかわる大事故につながることもあるため、ささいな変化も見逃さず、職員と同様の乳幼児とかかわることへの十分な注意を払う必要があります。

　以下、いくつかの場面でリスクマネジメントへの留意点を記しておきます。

＜朝の引き継ぎ場面＞

　乳児院のように暮らしを支えている施設は２４時間交代で勤務をしています。勤務の交代時間に行う業務の引き継ぎは、健康管理や入所児の様子を次の勤務帯に伝えていくうえで極めて重要です。入所児すべての名前と顔は覚えられないかもしれませんがしっかりメモをとってわからないことは職員に聞いてください。

＜園庭・公園等でのがいきよく場面＞

　外気浴の時間は乳幼児にとっても、もっとも楽しみな時間の一つです。外気の音・風・においに思い切りふれさせてあげて季節の移り変わりを体感させてあげましょう。この時のリスクマネジメントは事故防止です。まずバギーに乗せる際には、例えば乳幼児を乗せるバギーにガタツキがないかどうかなど現地までの道中はもとより、出かける前の器具点検にも目を配ってください。また、現地に到着した際には、乳幼児は食べ物とそうでないものの区別・判断が未熟です。素足の裏についたご飯粒や公園の草木・虫など「異食」については、外出先でも気をつけてください。

＜食事指導・入浴指導＞

　最近は食物アレルギーによるアナフィラキシーショックが話題になっていますが、健康面で耐性が弱い乳幼児が増えています。万が一、アレルギー症状（痙攣発作・唇が紫色にかわっていく・口から泡を吹いている・気を失ってしまった等々）が発生した場合は、実習生が個別に判断せず、直ちに職員に伝えてください。また、こうしたアレルギー反応にかかわらず、嚥下に問題がある乳幼児は少なくないこともありますから職員の指示をよく守って実習してください。

◆発展的課題

　乳児院での実習の基本は乳幼児への愛着形成を職員から学ぶことです。しかし、以上述べたリスクマネジメントについてどのように職員は対応しながら入所中の乳幼児の最善の利益を提供しているのか、丁寧に観察し、記録していきましょう。

● 用語の解説 ●

【リスクマネジメント（risk management）】

　本来は組織的に管理することにより、危険な状態や危機的状況になることを回避するための方策をいいます。

　ここでは施設実習中に思わぬ事故に乳幼児を巻き込まないため実習生としても目配りを忘れないことです。

【アナフィラキシーショック】

　主に、アレルゲンとなる食べ物を食べたりした場合に、短時間のうちに以下で述べるようなアレルギー症状が複数の臓器にわたり前進に急速に出ることを言います。アレルゲンは対象児個別による個別の体質により異なりますので、乳幼児個別の健康状態の事前把握と対応が重要です。（時には意識を失ってしまうなど重篤な事態になることもあり、こうしたリスクマネジメントについては乳幼児の施設実習開始にあたりしっかり理解をしておいてください。）

《症状の一例》

　①じんましん、赤み、かゆみなどの皮膚症状、②くしゃみ、せき、息苦しさなどの呼吸器の症状、③目のかゆみやむくみ、くちびるの腫れなどの粘膜の症状、④腹痛や嘔吐などの「消化器の症状」、⑤血圧低下など「循環器の症状」

トピック⑰　実習生の立ち位置【児童養護施設】

月　日（　）		天候		4歳児	組	男児　名	女児　名	合計　名	欠席　名

本日の実習の目標　夏休み中の施設内の行事（花火大会）に参加し、職員の関わりから実習生としての児童への向き合い方を学ぶ			備考

時間	環境構成・子どもの活動		保育者の援助・留意点	実習生の動き（・）・気づき（△）
	環境構成	子どもの活動		
（遅番）13:00〜16:00	各居室・ホール等	テレビや漫画本を見たり、寮内児童同士で談笑したりしながら思い思いに自由時間をすごす。	夜の花火大会に備えた準備をする職員や寮内児童の勉強を個別に指導する職員や児童とともにテレビ観戦をする職員等々、児童とともにいる。	職員と一緒に夏休みの宿題の点検や部屋そうじの手伝いを通じ児童とのひとときを過ごす。
17:00	浴室	年少児童は入浴をする。	年少児童の入浴を介助する職員と夕食の準備をする職員の動き。	幼児の入浴指導の職員補助、見守りその後職員・児童と一緒に夕食準備。
17:40	食堂	夕食。夕食後歯磨き等。	児童とともに会話をしながら夕食。夕食の中で本日の花火大会の雑談。その後歯磨き・トイレ誘導。	児童・職員とともに夕食。夕食よりもおしゃべりに夢中の児童に食べるよう促すがいうことを聞かない。　食事後、歯磨き指導。
18:40〜	園庭	先ず学齢児童から、その後幼児が職員とともに園庭に向かい、指定された場所に座る。	園庭に寮内児童を誘導。	園庭に児童と一緒に向かう。
19:00〜	花火大会開始	思い思いに園庭で花火を楽しむ。	火花が児童のほうに飛んでいかないように目配り・児童指導。寮内に戻った児童の就床準備。	職員とともに火花にふれないよう見守り指導。
20:00	花火大会終了	寮内に戻る。	花火大会後の後片付け。	職員とともに就床までのひとときの就寝準備。
21:00				一足先に床についた幼児に絵本の読み聞かせをする。

本日の実習から学んだこと

　今日は施設内の全児童が参加して花火大会が開催されました。実習も半ばを迎え、日課の流れも把握できてきましたが、配属されている寮内の児童の中に、私が指示を出しても言うことを聞かないのに、寮職員が指示すると一度で応じる児童が何人かいることがわかりました。本日は施設内行事でもあり、「自分の対応がうまくできなくて日課がスムーズに流れていかないと行事そのものの実施にも迷惑をかけるのでは・・・」と不安な気持ちで実習に入りました。実習後半にさしかかりこれからこうした児童にどのようにかかわって行けばよいのかを含めて、職員の関わりから実習生としての児童への向き合い方を学ぶことを本日の課題として実習に入りました。

　さっそく幼児の入浴の場面では、浴室でふざける場面が目についたので「ふざけるとケガをして痛い思いをするよ」と注意しましたが、夜の花火大会を控えて気持ちが高ぶっているのか、注意してもすぐにまたふざけだしてしまいました。見かねた職員が注意するとピタリとふざけるのをやめたため、実習生だからかな・・・と正直なところ複雑な気持ちになりました。

　入浴指導の後の食事時間も夜の行事を控えてか、食堂内もいつになくざわついていました。私はどうしたらよいかわからなかったのですが、職員は「今日は花火大会だよ。○○分までに食べ終わらない子は花火には行けないよ」等、の声かけをしていました。後で職員に聞いたところ、「寮内の児童と家庭の父母のように丁寧にかかわることも大切で常に忘れてはいけないことです。ただし、施設には家庭の役割とともに社会の一員としての集団や規律の大切さも『日課』を通じて学んでもらいたいと考えています。今日は施設全体の行事がこの後に控えており、みんなに迷惑をかけてまでふざけていることはよくないということを学んでもらいたいと思いました。」と説明がありました。

　また、花火大会会場である園庭までの移動の時にもふざけすぎている児童がいて、どうしたらいいかわからず私は「ふざけちゃだめだよ。暗いからあぶないよ」と注意しましたが、こうした児童の身に危ないことが想定される場合は、毅然とした対応が必要ということも学びました。その際にも「なぜだめなのか」「どうしたらいいか」を児童の年齢・理解力にあわせて簡潔明瞭に伝えることが大切であるということを学びました。

　こうしたことを通じて、確かに「実習生だから・・・」と、寮内の児童は様々な感情で接してくると思いますが、疑問に思ったことや対応に苦慮した時はその日のうちに担当の職員に相談して、その場の状況に応じたかかわり方や声かけを工夫みることも大切ということを学びました。

88

◆日誌の視点・トピックの解説・捉え方・課題

＜実習生の立ち位置とは＞

　施設実習は原則、オリエンテーションに始まり、観察実習、参加実習、指導実習の流れを考慮しながら実施されます。

　児童養護施設で実習をした後の振り返りの中で多くのみなさんから出てくる話が「私の注意は何度言ってもふざけて聞かないのに、職員が指示すると一度で態度をあらためた。」「個別の要望や要求への判断を児童から求められたが、どう対応したらよいかとまどった」等ということです。

＜寮舎内のきまり・約束事と実習生に対する児童のためし行動＞

　これに限らず、自分のやりたいことをそのまま聞き入れてもらいたいと、実習生に「今の時間、テレビみていいでしょ？」等、寮内で決めている決まりを超えた要望を聞き入れてもらえるよう、実習生に気持ちを寄せてくる児童もいます。

　こうした実習生に対する入所児童の行動を試し行動という方もいます。児童の要求の多くはささいなことに思えるかもしれませんが、一人一人の児童の暮らしを支え「安心した生活の場」を提供している寮内においては、他の児童との関係においてきわめて重要なことがあります。少なくともこの寮内の決め事については、しっかり理解をしておきましょう。（職員が児童の自主性を尊重してこまかい決め事をつくっていない場合もあります。）いずれの場合も職員と児童の信頼関係がベースにあり、児童の意見も尊重する中で指導が行われています。この生活空間の中に実習生が入ってくることになりますので、実習生は最初の観察実習の期間に職員の動きと施設・寮の日課の流れをしっかりと理解した対応が大切となります。

＜毅然とした態度の重要性＞

　実習中、もし自分で判断できないようなことが発生した場合は、正直に「私では判断できないので職員にすぐ相談するね」等、児童の要求をうけとめた上で「できないことはできない」「わからないことはわからない」としっかり当該児童に意思表示をし、できるだけ早くこの出来事について職員に伝え、判断を委ねることも大切です。ただし、身に迫る危険などの場合は、実習生といえども、毅然とした対応で臨むことは言うまでもありません。

◆発展的課題

　施設に入所している児童が施設内で見せる笑顔や怒りなど、表面的な喜怒哀楽に短絡的に対応するだけでなく、入所している児童がこれまで背負ってきた過去の生活歴を含めて児童の本当の悩みや希望・喜びについて少しでも知ることができれば、子どもの最善の利益を見据えた実習になると考えてください。

● 用語の解説 ●

【ためし行動】

　ここでは児童養護施設に入所している児童が、実習生が入ったことをきっかけとしてその実習生が「どんな人なのか」、「自分のことをどう思ってくれる人なのか」、「どこまで要求を聞き入れてくれる人なのか」等を、児童なりの方法で行動をおこし、これに対する実習生の言動をみて人定めするようなことを言います。

　（児童養護施設に入所している児童の多くは、これまでの家庭で十分な愛着関係を築けていません。

　このため日常生活を支えてくれている職員にさえ、直な気持ちを出せないでいる児童もいます。愛着関係の獲得・回復には多くの時間が施設の中でも必要なのです。

　こうした中で職員以外の実習生が生活の中に突然、入ってくることになりますので、様々なかたちで児童は自己表現をしてくることとなります。その一つが実習生への試し行動ということです。）

学籍番号（　　　　　　　　）　実習生氏名（　　　　　　　　　　　　　　　　）

月　日（　）	天候		組　　男児　名　女児　名　合計　名　欠席　名

本日の実習の目標 夜勤の時間帯の児童対応・職員の動きについて学ぶ。			備考

時間	環境構成・子どもの活動		保育者の援助・留意点	実習生の動き（・）・気づき（△）
	環境構成	子どもの活動		
16:00	職員室 （業務の引き継ぎ）	ホール・居室にて思い思いに過ごす。	日中対応の職員から夜勤対応の職員に事務引き継ぎ。 引き継ぎ後、遅番の職員は夕食の食材加熱等の準備。	・事務引き継ぎに同席。全体引き継ぎに参加。メモ取り。夜勤帯に入るのは初めてのため、引き継がれた内容でわからない用語や、トラブル防止など特に留意が必要な児童への対応等について夜勤担当職員に確認する。
17:00	寮内玄関 （出迎え）	夏休みを利用して一時的に自宅に帰宅していたS君が寮に戻ってくる。	S君の担当職員が寮玄関で児童を出迎える。	夕食の食材加工等の準備手伝い。職員と夕食に入る。本日寮に戻ってきたS君とは初顔合わせのため、いろいろ楽しい話をしようと試みる。しかしS君の表情がさえないため、どうしたらいいか戸惑う。
18:30	食堂 （夕食）	在籍児童一同に会して夕食。	夜勤職員・遅番職員で児童とともに夕食。	
19:30 〜 20:30	浴室・居室 （入浴　自由時間）	夕方すでに入浴済みの児童以外が入浴。 その他の児童は居室で夏休みの宿題をしたり、テレビを見たりして自由に過ごす。	入浴場面の見守り指導。夕食後の片付け。 自由時間を過ごす児童の見守り等。就寝準備を促す。	自由時間を過ごす児童と一緒にテレビを見たり、居室に呼ばれて宿題をする場面の手伝い。
21:00 〜 22:00	居室 （就寝準備　就床）	洗面・歯磨き・就寝準備。 就寝。	夜間各居室の見回りで児童状況確認。翌日の業務準備・業務に関する日誌記入等。	就寝準備。明日実家に一時帰宅するR君は嬉しくて寝つけない様子。実習生に家の自慢話などをする。S君がそれを横目でにらんでいたのに気がつき、R君に就寝を促す。
（翌朝） 7:00 9:00	洗面所・食堂 職員室 （日勤職員への業務の引き継ぎ）	起床　　朝食 居室・ホールで過ごす。	起床を促す。朝食の準備・朝食。 夜間帯の出来事を含め、日中担当に業務引き継ぎ。	職員とともに夜間の見回り。職員に食事どきのS君の様子について質問。 職員と起床を促す。朝食準備・朝食。事務引き継ぎに参加。後、退勤。

本日の実習から学んだこと

　本日は夜勤帯の職員の仕事の流れを児童の様子を見守りながら学びました。
　夜間帯は児童もリラックスしており、自由時間には思い思いのことをして過ごしていました。その間職員は、児童がのんびりした時間を過ごせるよう、児童観でトラブルがないように配慮したり、児童の会話に入ったりしながら、夕食の片付け・入浴児童の安全確認・洗濯物の整理など様々な仕事をしていることを学びました。
　一時帰宅から帰ってきたS君（中2）の表情が夕方から夜間にかけてずっと険しかったので、夜間の時間帯に職員にその理由を尋ねてみました。すると職員から「S君はこの夏の一時帰宅を大変、楽しみにしてきたんです。まだ施設に入ってから三か月もたっていないので、施設生活に慣れてもらうことにも職員が配慮をしているところです。だから一時帰宅してお母さん（母子家庭）で過ごすことを楽しみにしていたのです。ところが、その家庭には新しい男性（母の再婚相手）がいて、びっくりしたんです。児童相談所とともにこの後のS君へのしっかりした気持ちのフォローが施設職員の役割の一つです」と聞きました。
　また、R君（中1）は、小学制のころからずっとこの施設で育ったのですが、夜勤の職員から「来年の三月には家庭に戻れる予定です。家庭で暮らせるかどうか、今回の一時帰宅中に児童相談所が家庭訪問をして判断することになっている。」とも聞きました。しかしR君は周囲の空気が読めず、他児とトラブルが絶えない児童のため、家庭に復帰した後に通う中学校にうまく通えるか心配で、家庭に帰る前に対人関係についてもう少し力をつけられるよう援助指導を続けているところと知りました。夜間帯ということもあり、いつもよりもじっくりと職員さんから児童の入所理由や援助の流れを聞く貴重な体験ができました。

◆日誌の視点・トピックの解説・捉え方・課題

＜新しく入所してきた児童を温かく包み込むアドミッションケア＞

　児童たちはそれぞれ様々な理由を抱えて施設に入所してきます。

　また、自分から望んで施設で暮らしている児童ばかりではありません。本当は家族と一緒に過ごしたいのに、かなわない「大人の事情」で施設入所に至った児童も少なくありません。こうした児童に対して、施設に入所せざるをえないこと、施設に入ってその生活になんとか一日も早くなじんでもらえるようにと、児童相談所そして施設職員は尽力しています。

＜インケアから施設を巣立つ準備のためのリービングケア＞

　やがて施設生活が職員により支えられ生活を続け、中学校卒業や高校卒業など一つの節目を迎えるとこの時期をとらえて家庭に帰って行く（家庭復帰）児童も出てきます。児童の保護者とのやりとりは児童相談所が、児童の自立や家族との向き合い方については施設職員が指導助言していくこととなります。この段階までに児童相談所や施設においてはCSPやCAREなどの家族関係回復のための取り組みがされることもあります。

＜自立に向けた進路選択とアフターケア＞

　また施設生活が長かった児童が、以前の家庭に戻ることをあきらめ自立生活を選択することも増えています。こうした児童は独立した生活（例えばアパートの契約）への知識や経験が乏しく、自立生活を始めたとたんにうまくいかなくなってしまう人もいます。施設職員はこうした児童についても施設退所後も支援を続けています（アフターケア）。施設実習の中で見える児童の目の前の姿だけを見て全体像をとらえるのではなく、施設ではその児童の「過去」と「将来」を見据えて「今」に対峙していることをしっかり学んでください。

◆発展的課題

　実習でみなさんが見ることができる児童の生活は、施設生活を送る児童のほんの一瞬にしか過ぎませんが、児童養護施設は児童が入所してから退所するまでの長期間、児童の成長を計画的に支えています。この施設での生活を支援していく計画の中で最も基本となるのが「自立支援計画」です。自立支援計画は、入所している児童それぞれ個別に作成される計画です。児童養護施設によっては、児童相談所からどのような経緯で施設に措置されてきたか、から施設で作成したこの計画書を見せてくださるところもあります。ただ、そこには極めて高度な個人情報が記載されているため、書面ではなく、口頭で説明をしていただける場合が多いかもしれません。自立支援計画は文字通り、児童の自立を支援していくための計画ですから、児童が人生への主体性を取り戻すために用いるものです。計画の実行課程では児童自身の意見も聞きながら当事者が参画していく視点も大切です。

● 用語の解説 ●

【アドミッションケア】

　児童と保護者への施設生活の説明。この取り組みを通じて、児童と保護者に施設生活を始めるにあたっての不安などを解消していきます。

【インケア】

　施設養護の中核。施設内の基本生活の提供を通じて、子どもの生活力の回復や人間性の向上を支援していく職員のかかわりを示します。

【リービングケア】

　施設退所に向けた支援。高校等を卒業して社会人として巣立って自立生活に児童が飛び込んでいくことにはさまざまな困難もあります。社会人としての様々なきまりや自立に必要なノウハウ（住居契約等）を助言していく取り組みです。

【アフターケア】

　施設を退所した後の、元入所者の日常生活・社会生活を支える取り組みのことです。
　※以上についての詳細は「ひと・もの・こと」（齋藤政子編著2017）P209を参照のこと

【ＣＳＰ（コモンセンスペアレンティング＝ Common Sense Parenting）】

　アメリカで開発された「被虐待児の保護者支援」のペアレンティングトレーニングのプログラム。

【CARE（ケア）】

　子どもと大人の絆を深める心理教育的なプログラム。子どもと温かい関係を築くための親子の学びと実践のこと。

5月10日（木）		天候　晴れ	6歳児　　ぶどう組	男児3名　女児2名　合計5名　欠席0名		

本日の実習の目標					備考
・Aの障害を学ぶ。 ・担当保育者とAとの関わり方を知る。					

時間	環境構成・子どもの活動		保育者の援助・留意点	実習生の動き（・）・気づき（△）
	環境構成	子どもの活動		
8:30 8:45 9:10	Aに合わせた机・椅子の配置。 集中して活動に取り組むときは壁向きにして人の動きができるだけ視界に入らないようにする。 Aに合わせたスケジュールボード	登園前 ・保護者の送迎のAが登園する。 ・保育者と挨拶をする。 ・保護者が手を振って"いってきます"をする。 ・靴を脱ぐ。 自分のシールの場所に靴に入れる。 ・部屋に入室する。 ・スケジュールボードを確認する ・給食室に挨拶に行く。 ・部屋にいた他の子の声が気になりイヤーマフをつける。 ・スケジュールボードを確認しながら朝の仕度をする。 ・シールを貼る。 ・連絡帳を出す。 ・タオルをかける。 ・カバンをロッカーにかける。	・朝の打ち合わせ。 ・子を受け入れる準備をする。 ・前日のAの様子や課題に合わせた机と椅子の向きを決めて配置する。 ・Aが使うイヤーマフやスケジュールボードを用意する。 ・Aの視線の高さまで腰を低くし「おはよう」と挨拶をしながら受け入れる。 ・保護者に子どもの様子を聞く。 ・手を振る子と一緒に「いってきます」と手を振る。 ・Aが靴を脱ぐ様子を見守る。 ・靴を入れ終わったときに「できたね。」と言葉をかける。 ・入室後にAの苦手な音が部屋に鳴り響いていたことに気づき、イヤーマフをAの近くに寄せる。 ・Aが一人で朝の仕度を進める様子を見守り、途中で違うことに意識が向いたときだけ「今何やるのかな？」と言葉をかける。	・打ち合わせに参加する。 ・受け入れ準備をする。 ・担当保育者からAの障がいについて学ぶ。 △Aは音や視覚の感覚過敏があるため、環境を整える必要がある。 ・保育士と保護者の関わりをみる △子は言葉を発しないが、保護者に向かって手を振り、保育者はその手の動きに合わせて「行ってきます」と声を掛けていた。 △保育者はAが一人でできるときは見守り、終わった時に「できたね」と褒めていた。 ・Aと保育者の関わり方を近くで観察する。 △保育者はAが他のことが気になっても、すぐには言葉をかけなかった。後で聞いたら、自分で気づいて戻れるか様子を見ながら言葉がけのタイミングをみていたと言っていた。 ・スケジュールボードを見ながら仕度をするAを見守る。

本日の実習から学んだこと

＜Aの障害について＞

　今日は、保育者とAの関わり方を学びました。Aは、知的障害と発達障害があり、感覚過敏もあると聞きました。言葉も出ないため、保育者はAの視線や行動から、Aが何を考えているかを意識しながら保育をしていることが分かりました。Aさんが混乱しないように、机や椅子の配置を決めていました。私は同じことで安心することが分かりました。私には感じることができない、小さな変化もAにとっては大きなことだと分かりました。

＜担当保育者とAとの関わり方＞

　Aは朝の仕度でシールを貼った後、いつもはごみ箱があるところになく、Aは困っていました。私は、すぐにごみ箱がないことに気がつき保育者に「ごみ箱取ってきましょうか？」と聞くと「もうちょっと待って」と言われました。私は、その時はその意味がわかりませんでした。Aさんは保育者と目を合わせました。その時に「どうしたの？」と聞きながら保育者はAの近くに座りました。Aは持っていたごみを保育者に渡しました。「ごみが捨てられなかったのね、ごみ箱がないね。どこにあるかな。」と保育者が言葉をかけると、Aは部屋の中を探し、「あ！」と言いながらごみ箱を見つけて指をさしながら保育者を見ました。保育者が「あったね！」と言うと保育者は持っていたごみをAのほうに向け、Aはごみを取ってごみ箱に入れました。あとで保育者から、私がごみ箱を持ってこようかと言った時にAが自分で気づけるようにするにはどうしたらいいか考えながら様子を見ていたことを話してくださいました。刺激が少ない部屋の環境にすることを構造化というと教えていただきました。でも、いつもと同じ場所にあることで安心もするけど、いつもと違うことを入れていくことで少しずつこだわらなくてもいい生活ができるようにしていくことも必要だそうです。私は、不安になるならこだわり続けてもいいかと思っていましたが、変えられないことで不安になるなら、少しずつこだわりも減らした方がいいのかなと感じました。

◆日誌の視点・トピックの解説・捉え方・課題

＜発達の特性理解＞

　児童発達支援センターに通っている子の発達の特性は様々です。障害名や年齢で分けるのではなく、一人一人に合った支援を行っていきます。そのためには、日々の子どもの様子から、何を課題としてどのように関わるべきか保育士間や時には専門職の方と相談しながら決めていくことが必要です。

　ＡはDSM－5の診断基準によるとASD（自閉症スペクトラム）になります。診断名は限定的な見方になる危険性がありますが、行動パターンを知ることで相手の行動を予測し支援することもできます。診断名を参考にしつつ、一人ひとりに合わせた課題を決めていくことが大切です。

＜構造化の理解＞

　ＴＥＡＣＣＨの実践方法論の一つに「構造化」があります。ＡＳＤの行動特性のある子は、色や物などの視覚や聴覚の刺激が多い場所や自由な空間での行動が苦手です。そのため、保育室やホール、廊下などのそれぞれの空間に視覚的・物理的に意味を持たせることで、子が行動しやすくなります。

　「構造化」には「場所」「時間」「活動」「視覚」の4つの要素があります。今回は、Ａが次の行動を確認し安心して生活するためのスケジュールボードや、不安になったときに一人の世界に入ることができる個室ブースが挙げられます。「構造化」することで安心した生活を送ることは大切ですが、少しずつ環境を変えながら色々な場面にも応じることができるようにしていくことも大切です。

◆発展的課題

＜部屋の配置＞

　聴覚や視覚の情報が入りすぎる、または入りづらい子もいます。例えば、部屋の中に複数の色とりどりの壁面が張られていると、それが気になって目の前の活動に集中できない子もいます。室内の保育環境はどうなっているか確認して記録してみましょう。

＜感覚過敏と感覚鈍麻＞

　聴覚・触覚・視覚・味覚・臭覚・体性感覚など、全ての感覚で過敏さや鈍感さが生じます。感覚刺激への反応やその程度は様々ですが、周囲に伝わりにくいため、つらい気持ちを一人で抱え込むことが多いと言われています。音の過敏さがあるＡがイヤーマフをつける前後で変化する様子について記録してみましょう。Ａにとって刺激が軽減されることがどれほどの安心につながるか知る手立てになるかもしれません。

用語の解説

【児童発達支援センター】
　児童発達支援センターとは、児童福祉法第6条に定められている、児童発達支援を行う施設の一つです。そこでは、「日常生活における基本的な動作の指導、知識技能の付与、集団生活への適応訓練その他の厚生労働省令で定める便宜を供与する」と定められています。

【DSM－5】
　米国精神医学会による「精神疾患・精神障害の分類マニュアル」の第5版です。「DSM-5精神疾患の診断・統計マニュアル」米国精神医学会、高橋三郎・大野裕監訳、医学書院、2014

【ASD（自閉症スペクトラム）】
　イギリスの児童精神科医ローナ・ウイングがASD（自閉症スペクトラム）の障害を「社会性の障害」「社会的コミュニケーション障害」「社会的イマジネーション障害」の3つ組と定義しました。近年は、加えて「感覚の特異性」も挙げられます。

【イヤーマフ】
　耳から入る音量を調整することができるヘッドホンの一種。ヘッドホンやイヤホンなど、様々な種類があります。また、周囲の騒音を打ち消す（ノイズキャンセリング）機能付きのヘッドホン等もあります。

5月10日（木）	天候　晴れ	4歳児　ぞう組		男児5名	女児1名	合計6名	欠席0名

本日の実習の目標	備考
・Bの課題と支援を学ぶ。 ・担当保育者とBとのかかわりを知る。	

時間	環境構成・子どもの活動		保育者の援助・留意点	実習生の動き（・）・気づき（△）
	環境構成	子どもの活動		
11:00	＜ぞう組＞	・石鹸で手を洗う。 ・自分のタオルで手を拭く。 ・給食の準備をする。自分のカバンから給食袋と歯磨き袋を出す。 ・給食袋から手拭きタオルと箸セットを出し、袋はそれぞれのカゴに入れる。 ・準備が終わった子は本を読みながら待つ。 ・保育者の言葉がけで本を片付けて椅子に座る。	・子と一緒に手洗いをする。 ・給食準備を進める様子を見守りながら、給食を取りに行く。 ・準備が進まない子に言葉をかけ促す。 ・「そろそろ給食の準備ができるよ」と言葉がけをする。	・子と一緒に手洗いをする。 ・配膳をする。 △一人でできる子にはあまり言葉をかけず保育者は時々様子を見守っている。 ・準備が進まない子への言葉がけを学ぶ。 △すぐに手を出さず子に合わせた対応をしている。
11:15		・当番が順番に消毒をまわし、全員が終わったら保育者に消毒を戻す。 ・保育者の声掛けに「いいですよ」と答え、給食前の歌をうたう。 ・「いただきます」の挨拶をする。 ・給食を食べる。 ・Bはすぐにお茶を飲み、「お茶のおかわりください」という。 ・保育者と約束を確認し、最初にお茶をもらうことに決める。 ・途中で「もうちょっとお茶がほしいよ。」と保育者の顔を見ながら小声で言う。	・当番の子に消毒を渡し「お願いね」と声をかける。 ・「準備はいいですか？」言葉をかけ、子と一緒に給食前の歌をうたう。 ・子があいさつをする様子を見守りながら後に続いてあいさつをする。 ・Bの横で給食を食べる。 ・Bのお願いに「いいよ、お約束守れてるね」と声を掛けてやかんを取りに行く。 ・Bのコップにお茶を入れる。	・消毒を受け取り、手に付けて「ありがとう」と返す。 ・一緒に歌い、あいさつをする。 ・一緒に給食を食べる。 ・Bと保育者のやりとりを観察する。 △約束を守れずお茶のおかわりをお願いしたBを注意せず、「どうだった？」と相談しながら約束を思い出させていた。
11:45		・約束を確認し、少しだけお茶をもらうと嬉しそうに飲む。 ・食べ終わると「ごちそうさまでした。」とあいさつをする。 ・「できたからシールだね」と自分のロッカーにボードに取りに行きシールを貼る。 ・「もう少しでたくさんになる」と、あと数回でシールがたまることを嬉しそうに話す。	・「約束どうだったかな？」と確認し、少しだけお茶を入れることを提案する。 ・「全部食べられたね」と言葉をかける。 ・「シール貼れたね」と言葉をかける。	・嬉しそうなBを観察する。 ・保育者と一緒に「全部食べられたね」と言うとBは嬉しそうに笑う。 △どうして全部食べたことをほめたのは分からなかったが、家ではご飯を食べず水分でおなかがいっぱいになることがあると後で聞いた。 ・嬉しそうにシールを貼るBを見守る。

本日の実習から学んだこと

＜Bの課題と支援＞

　今日は幼稚園と並行通園をしているBにつきました。Bは、幼稚園では集団行動が苦手でした。ここでは、保育者がBと相談しながら課題を決めたりやり方を決めていると聞きました。でも、Bと遊んでいても会話もできるし、動きも気になるところはなかったので、どうしてここに来ているのか最初はわかりませんでした。でも、Bは飲むことへのこだわりがありました。水分を欲しがるのは、身体の機能的なことではなく、ASD特有のこだわりで、ここのセンターに来る前は、給食やおやつの時に必ずお茶をたくさん飲んでいたと伺いました。

＜担当保育者とのかかわり＞

　センターに通うようになり、「給食はお茶2杯」や「おやつはお茶1杯」と決めたことを守れるようになったと聞きました。こだわりは変えられないことではなく、保育者の関わり方で変わっていくことだと学びました。無理にやめさせるのではなく、その子ができそうな課題から少しずつスモールステップで課題を決めていくことは、学校の授業で学んでいましたが、実際にどのように課題を決めるのかは初めて学ぶことができました。私も、その子の課題がその子に合っているか考えながら、できそうな課題を決めてできるようになりたいと思いました。あと、できたときにシールを貼るのは、保育者がいくつか提案した中からBが選んで始めたと聞きました。そうすることで、自分で決めたことという自覚が生まれ、やる気が上がると思いました。他にどんなやり方があったか質問すればよかったです。あと、Bみたいに、気づきにくい障害の子は分かりづらく気づきにくいことも学びました。保育者は一人ひとりをよく見ていくことが必要だと思いました。

◆日誌の視点・トピックの解説・捉え方・課題

＜並行通園＞

　児童発達支援センターには、週5日間毎日通っている子と、幼稚園に週2～3日と児童発達支援センターに週2～3日通う並行通園を行っている子がいます。並行通園の場合は、特に場所がかわることで子どもが混乱しないように保育所や幼稚園と連携を取りながら保育を進めていくことが大切です。また、児童発達支援センターで集団では難しい部分を保育士との関わりの中でじっくりと行うことができ、集団生活で生かすことができるようにつなげていくことが必要です。

＜こだわりへの対応＞

　日誌には、Bのお茶へのこだわりについて書かれていました。Bは、以前はお茶を何杯も飲んでいましたが、児童発達支援センターに通うようになって約束をした量だけで納得することができるようになりました。日誌では、そのようなこだわりが変化したことに気づいていました。こだわりだからとそのまま受け入れるのではなく、「これがいいけど、それでもいい」等と柔軟な行動をとれるように促していくことも大切な関わり方です。

◆次に日誌を書く上での発展的な課題

＜課題の選定＞

　児童発達支援センターでは、一人ひとりの「障害児支援利用計画」を立て、実践課題の選定や取り組みを経て、さらに次の課題へとつなげていきます。もし可能であるならば、「個別支援計画」を見せていただくと良いでしょう。子の長期課題から短期課題をどのように選定し、そのためのスモールステップとして日々の保育をどのように行っているかを見据えた上で実践と向き合うことで、課題の決め方を学ぶことができます。日誌にもありましたが、Bはシールを貼ることを選びましたが、先生が用意していた他の選択肢は何だったのでしょう。それを質問することで、今後Bのような子と関わったときに、その子に提示できる選択肢の参考になるかもしれません。

＜幼稚園との連携＞

　日誌にはありませんでしたが、今回のお茶の件やその他児童発達支援センターで実践している内容を幼稚園とどのように共有しているのでしょうか。また、保護者の方がその両施設とのやりとりにどれぐらい参加しているのかも確認してみましょう。定期的に行われている支援会議（ケース検討会）でBの今後を見据えた支援がどのように計画・実施されているかを学ぶことが大切です。

・　用語の解説　・

【障害児支援利用計画】

　児童福祉法第6条に規定される「通所支援」を利用するすべての児の保護者を対象として作成されます。入所施設は対象となりません。障害児支援は0～18歳まで支援をつなげていくことが大切です。入園や就学等のライフステージが変わっても、継続的な支援を保障することで、子も家族もより安定した生活を保障することを目指しています。

【保護者支援】

　並行通園の場合、保育所や幼稚園との連携と併せて保護者との関わりがとても大切になります。それは、2つの園に通わせている中で、それぞれの生活リズムや用意する保育用品が違うことや、それぞれの保育者の関わり方が違うと、一番困るのは保護者です。そのため、保護者が一人で抱えないように子の様子を伝えつつ、保護者との情報共有や連携していく姿勢を伝えていくことが必要です。

トピック㉑　氷山の一角モデル【障害者施設】

月　　日（土）	天候　　晴れ	中高生　くじら雲棟	男子6名　女子9名　（合計15名）

本日の実習の目標 ・余暇の過ごし方と自立の支援について学ぶ。 ・行動問題の背景を理解する。			備考

時間	環境構成・子どもの活動		保育者の援助・留意点	実習生の動き（・）・気づき（△）
	環境構成	子どもの活動		
7:30	各自室・デイルーム等	・自室で好きなDVDを見ているM君、デイルームに出てきて動物図鑑を読んでいるL君、出勤してきた職員に話しかけているI君など、普段の登校日（特別支援学校）とは違ってゆったりとした時間を過ごしている。	・各居室へ巡回（窓の施錠確認、エアコン温度調整、室内の状況確認など） ・引き継ぎ（夜間の様子・本日の予定等） ・生活業務（洗濯物の仕分け・たたみ・収納の準備）	・子ども全員に「おはようございます」と挨拶。「おはよう」と返してくれる児や、DVDに集中してみてくれない児もいる。見守り・観光観察。
8:00	食堂	・朝食 Kさんが、私が見ないときに動いたりする。私が見ていると止まるということを楽しんでいる様子。	・朝食準備、服薬管理（準備・確認） ・食事の様子を見守る。 ・食後の服薬状況を職員全員で把握し、まだ飲んでいない子どもへの促しを意識的に行っていた。	・DVDを見ているM君に「ごはんの時間だから食堂いこうか」と声をかける。 ・職員の指示のもと、配膳・薬の確認を一緒に行う。 ・Kさんが、私を見ていることに気づいたため、だるまさんが転んだの要領でちらっと見たりする。
9:30	外出支援（ドライブ・街のハンバーガー店で食事・お買い物等）	・食後の歯磨き M君は、朝見ていたDVDの続きが見たそうな様子だったが、職員からの「ドライブ行きますか？」に、「はい行きます」と答える。	・事前に希望をとっていた外出について、「ドライブ行きますか？」とことばかけしながら参加の意思確認。	・歯磨き支援（うながし・仕上げ磨き） ・「ドライブ楽しみですね！」「今日はどこに行くんですかね？」等のことばかけを行う。
10:00	ドライブ出発	・ドライブを楽しんでいたと思ったら、突然、M君が車内で自分の頭を叩き出す。しばらく頭を叩いていたが、職員のかかわりやことばかけで、落ち着いたのか、叩くのをやめる※1	・「M君、叩きません」「それはバツです」「何か嫌なことがあったんだね」※2とことばかけすると、叩くのをやめる。	・突然のことに驚きつつ「M君どうしたの？」「叩いたら痛いよ。やめようよ。みんな驚いているよ」とことばかけするが、さらにM君は頭を強く叩きはじめる（叩いた理由？叩くのをやめた理由？わからずモヤモヤ）。
11:30	お店に到着・昼食	・うきうきしている様子。お店で好きなメニューを自分で選び、ポテトとハンバーガーで食事を楽しむ。	・お金を児に渡し、自分で買い物をするよう見守る。頼みすぎてしまいそうな子には、「〇個、買えます」と伝えている。	・一緒に食事を摂りながら、食べこぼしたりをサポート。「ポテトおいしいね」や「Cちゃんのハンバーガー、美味しそうだね」とことばかけ。

本日の実習から学んだこと

余暇の過ごし方と自立の支援について

　土曜日で学校休みのため、多くの入所児たちと深くかかわることができたと感じました。平日の朝は、慌ただしく時間に追われ、食事に歯磨き支援、着衣の支援など、子どもたちを追いたてるように学校準備を行っているのに対して、今日は、ゆったりと子どもたち一人ひとり、やりたいこと・したいことを自分で決めながら、自由に自分のペースで時間を過ごしている様子がみられました。何もしない子どももいれば、職員とおしゃべりをしたくて話しかけ回っている子、何度も同じお気に入りの絵本を「読んで！」と要求してくる子、一人ひとりの思いを感じました。また、こうした一人ひとりの思いに合わせて支援していくことの難しさと支援者の工夫一つで「できない」が「できる」に変わっていくことも学ぶことができました。繰り返し同じ絵本を読むことを要求してくるC君の思いに合わせていたら、話しかけてきたてくれたFさんと話すことができず、結局どちらの子とも中途半端なかかわりになってしまい、C君が絵本を叩いてきて困ってしまいました。職員に後でどうしたらよかったか質問したところ、Fさんに待ってもらう時間を明確に伝えて約束をしたり、C君にも回数を決めたりしてから読みはじめるなど、先の〈見通し〉を持ってもらいながら支援していくようにと助言いただきました。また、施設や学校以外の場で〈楽しみ〉をもつことを大切にしていること、それが生活スキルの習得や自立に結びつく支援であることも教えていただきました。外出支援（ドライブ・買い物など）は、出かけること自体に「楽しい」をプラスする効果を持つものだと学びました。施設に入所するまで買い物で店に行ったことがない子、商品を自分で選べない子いろんな子どもがいて、体験しながら少しずつ覚えていくことが必要で、ついお店の迷惑になってないかとか上手く会計ができない等、もどかしさでやってしまいたくなり、〈見守り〉の難しさも感じました。

ドライブ中、自分の頭を強く叩いたM君について

　M君に理由を聴いたり工夫してことばかけをしましたが、行動はおさまりませんでした。その一方で、職員がことばかけをするとM君の行動はスッとおさまったように見え、叩きだした理由や職員と自分のことばかけの違いが分からず、とてもモヤモヤしてしまいました。後で職員の様子をよく思い出して考えてみたところ、マカトン・サインを用いながら「M君、叩きません」と単語で繰り返しことばかけを行ったり、「何か嫌なことがあったんだね」とM君の気持ちを代弁するようなことばかけを行っていたことに気づきました。「〜しません」という保育所実習では注意されていた〈否定的な言葉がけ〉が、とても厳しい口調で用いられていたことも疑問に思い質問したところ、障害の特性から言葉でのコミュニケーションが難しい場合や自傷・他害行動などをしてしまう場合などには、「サイン言語を用いながらわかりやすい言葉で繰り返しはっきりと伝えることが必要」だと説明いただいたことで、ことばの選び方についても一人ひとりの障害特性や個性を理解した支援が行われていることを学びました。肯定的な言葉がけで成功体験を積み重ねてほしいという気持ちは強いですが、「いけないこと」や「社会的に求められる態度」についてもしっかり伝えるとともに、子どもたちと丁寧に向き合っていくことの意味と大切さを改めて学ぶことができたと思います。

◆日誌の視点・トピックの解説・捉え方・課題
＜余暇活動を支援する＞

　障害児・者施設でもパラスポーツやエイブル・アート、日常的な買い物や趣味の外出、季節の行事など様々な余暇活動が取入れられています。その一方、余暇時間の過ごし方について「テレビを見ること」が極端に多く、余暇の選択肢を持っていない・制限されているといった問題も指摘されています。実は余暇の過ごし方にも発達段階があり、①一人で支援者の監視がなくても過ごせる活動を見つけ・育てること、②徐々にその時間を長くしていくこと、③レパートリーを増やしていくこと、③環境にあったルールがわかるようになること、④一定の社会的ルールに沿って他者との相互交渉を含んだ時間を過ごしたり、意見の調整や計画を立てること、⑤リ・クリエーション、生きがいとして余暇を楽しむこと、といったように整理されています。ひとりひとりの子どもや利用者がどのような余暇を過ごしているのか、またそれをどのように職員が支援しているのか、じっくりを考えてみましょう。

◆発展的課題＜氷山の一角モデル：行動の背景を理解する＞

　実習生は、今まさに目の前で起こった障害のある人の〈困った行動〉について、理由も分からずに支援しなくてはならないときがあります。この〈困った行動〉を水面から顔を出して見える氷山の一部と捉え、水面下に隠れて見えない大きな氷の塊＝行動の背景を探ろうとする理解の仕方を**氷山の一角モデル**と呼びます。行動問題をただ〈自分なり〉に支援するのではなく、①本人の障害特性、②環境や状況の影響、①と②の相互作用の結果として〈困った行動〉が表出していると整理し、できる限り適切な支援を行うことが重要です。たとえば昨晩よく眠れなかったとかお腹の調子が悪いとか、職員と話したいけど忙しそうなので遠慮していたのに他の子が遠慮せず話しかけているのを見てとか、実に様々な原因を挙げることができるし、まったく予想だにしないことが原因である場合もあります。だからこそ、「どのような事実にもとづいて、支援方法を選択したのか、その結果どうなったのか」と常に自身の支援を問いなおすことではじめて〈根拠に基づいた実践〉を行えているといえるのです。それでも支援はズレてしまうし、〈良い支援〉であったかの確証が得られず、徒労を感じることもあるかもしれません。けれども、そうした試行錯誤があるからこそ、わずかな成長をも喜ぶし、支援はオモシロく、やめられないものなのです。

● 用語の解説

【マカトン・サイン】

　ことばの発達に遅れのある人のためにイギリスで開発された指導法（マカトン法）で用いられる、サイン言語（ボディー・ランゲージや非言語的コミュニケーション）の一つ。マカトン・サインを用いる場合、サイン（動作表現）と同時にスピーチ（言語）やシンボルカードを添えることでコミュニケーションが促進される。また、音声言語の表出に困難をもつことから聴覚口話法に依存したコミュニケーションをとりがちな健常者に対しダイレクトな行動で〈思い〉を表現することでトラブルの当事者となってしまう障害のある人自身が〈思い〉を伝達する手段ともなる。

　ベビーサインや手話、ピクトグラムといったシンボルを用いたコミュニケーションは、AAC（拡大代替コミュニケーション）とも呼ばれ、〈代理意思決定〉ではなく、〈支援された意思決定〉の徹底が求められる権利擁護の場においては、事実を根拠とした本人の意思の理解と代弁の方法と考えられている。障害があっても言いたいこと・伝えたいことは山ほどあり、利用児者たちは実習生に分かってもらいたいと思っています。分からない原因は「もしかしたら実は自分にあるのかも」という反省的視点を持ちながら、実習に臨みましょう。

【根拠に基づいた実践：EBP】

　勘と経験と度胸（KKD）による支援ではなく、当事者のニードの把握と、現場の状況や環境といった事実の積み重ね、検証された科学的根拠、の３つの要素に基づいて行われる実践のことで、それによって支援の効果（アウトカム）を向上させることが期待されている。実習日誌や記録、報告書を作成することは、まさに実習生が、利用児者とどのような根拠でかかわったのかを表すエビデンスといえる。

トピック㉒　ストレングスモデル【障害者施設】

月　日（　）	天候	成人女性けやき寮・工房班	けやき寮　女性20名　・　工房班　男性8名　女性12名 （合計20名）	
本日の実習の目標 ・工房班に参加し、利用者の作業中の様子を観察する。 ・ADLの援助方法を学ぶ。			備考	

時間	環境構成・子どもの活動		保育者の援助・留意点	実習生の動き（・）・気づき（△）
	環境構成	子どもの活動		
8:30	ホール・玄関	・Pさん、工房班の活動のため一人で先に寮を出る。	・Pさんを送り出す。	・職員室にて、けやき寮の支援手順書（マニュアル）を読む。
8:40	ホール・玄関	・Fさん、Mさん、Kさん、MGさん、Cさん、工房班の活動のため、寮から作業場へ移動。	・利用者の靴の履き替えを支援しながら、実習生にアドバイス。Kさんから順に靴の履き替えを促し、玄関外で少し待ってもらう。順番を考えてから、行動にうつるとよい。	・工房班に一緒に行く（靴の履き替えの手伝い。人数が多く、靴の履き替えに手間取る。MGさんの車いすを押しながら、Cさんの体に触れないが支えるよう配慮にしながら移動支援）。
9:00	工房	・準備体操、作業準備（更衣、手洗いなど） ・各自、自分の仕事に就く。お喋りもなく、黙々と取り組んでいる様子。 ・私が行ったよりずっとキレイに製品の仕分けや袋詰めを行う（Fさん、Mさん）。 ・慣れた手つきで力のいるミキシングの工程に取り組んだり、器用に粉やバターの計量をしたりしながら、一人でどんどん作業を進めている（Pさん）。	・工房の製品づくり準備・利用者の作業準備の支援。 ・挨拶、本日の作業内容について、ホワイトボード（種類・数が記載、写真あり）を指さしし説明。 ・手先があまり器用ではないKさん、MGさんのために作業しやすいよう工夫された補助器具を用意。3以上の数がわからないCさんのためのシート（仕分けする材料と数を写真で提示）を用意。 ・実習生の質問への回答。多種多様な仕事や活動の中から、利用者と保護者の希望、利用者のADLや能力をふまえ、話し合いながら決定。作業が生活のリズムづくりにも。	・自分自身の作業準備を行いながら、利用者の作業準備を手伝う。 ・作業に参加しながら、利用者の作業中の様子を観察。 ・Cさんの仕分け作業の補助、袋詰めを一緒に行う。キレイに袋詰めできず苦戦しているとFさんがやり方を見せて教えてくれる。間違いもまったくない。 ・作業しながら、職員に工房に来るメンバーの選び方、作業内容の振り分け方について質問。
10:30	休憩	・休憩室でCDを聴いたり、他の利用者と話をして笑ったりして過ごす（私のバイト先の休憩時間とほとんど同じ？）。		・休憩室で一緒に過ごす。様子を観察。「〇〇さん好きなんですか？」と聞いてみる。 ・一緒に作業を再開する。
10:45	仕事再開	・指示がなくても作業を始める人。指示があってから動き始める人。指示があっても休憩室でCDを聴いてる人もいて様々。	・次の仕事の指示出し。 ・休憩室にいるMさんに声をかけにいく。	

本日の実習から学んだこと

工房班に参加し、利用者や職員の作業中の様子を観察する

　本日は、利用者と一緒に寮を出てパンやお菓子などの製品づくり、地元企業からの受託軽作業を行っている工房での作業に参加させていただきました。けやき寮からは5名が工房班での作業に行っており、そのうち1名は自分で支度をし一人で工房まで行き、作業を終えたら寮に帰ってきます。私はその他の利用者と職員と一緒に工房まで移動し作業に入らせていただきました。けやき寮の他のメンバーも音楽療法や機能訓練、園芸活動、健康づくりのためのウォーキングに出るグループ、寮に残って入浴などを行っている人もいました。実習前、私は知的障害や自閉症の利用者たちは、何もできない人たちだと思っていましたが、実際に一緒に作業を行ってみることで、力仕事を率先して行う利用者がいたり作業を一つ一つ丁寧に正確に行える利用者がいたりと、健常者の私よりも能力が高いと感じることが多くありました。パンやお菓子作りでは、私のほうが知らないことばかりで、作り方を覚えるのに必死になってしまい、実習目標の観察が疎かになってしまいました。観察の中で気づいたことは、数の計算をしたり時間を計ったりといった抽象的なことが苦手な利用者のために視覚的な構造化がされていたり、アラームを鳴らすなどの工夫がされていたことです。その他にも利用者が好きなものを置いたり作業内容と場所を1対1対応にしたりすることで、落ち着いて作業に取り組める環境づくりを行っていることを教えていただきました。さらに、仕事内容を細かく分解することで、いくつも小さな作業のステップを作り、やるべき行動を理解できるようになり、分からなかったりできないことで混乱したりストレスに感じることを減らし、不安を感じなくて済むことで自信をもって取り組むことができるように配慮していることも学びました。また、同じ障害でも利用者一人ひとり「できること」や「得意なこと」が違っていて、同じやり方では通じないことがあることも知りました。むしろ、診断名を知ることで障害特性が思い浮かんでしまい、その枠にあてはめて理解しようとしてしまって、その人自身のことを観察できず、いいところ（つよみ・魅力）を見つけにくくなってしまうように感じました。

ADLの援助方法を学ぶ

　移動の際、一度に玄関に利用者を誘導してしまったため、靴の履き替え支援が難しく焦ってしまいました。その際、職員から「Kさんは外で待っていてと言えば待てる人だから先に誘導して。スムーズに出発しないと作業に行くのが嫌になって、生活のリズムが途切れてしまうから注意してね」と説明をしていただき、支援手順書をふまえながら瞬時に段取りをつけていくことが大切であると教えていただきました。また、支援とはただすべてのことを代わりにやってあげること（職員：実は「やってあげたほうが時間もかからず単純で楽。でもそれでは支援とは言えない」）ではなく、その人の持っている力や残存機能を生かせるよう工夫し、見守ったりすることで、少しでも自分で行えることを増やすことだと学びました。こうした支援を通して、入所施設という枠のある集団での生活の中で、ほんの些細ことかもしれませんが、自己決定をする機会を逃さないようにし、自尊心の向上を行っているのだと学びました。何をどこまで支援すればよいかを見極めながら支援するためには、その人のことを知ること（アセスメント）が必要で、変化やゆれを記録に残すことで見えてきたことをふまえ、何度も支援手順書を書き換えながら、その人にあった支援を多くの職員の共通理解のもと行えるようにしていることを知り、連携についての理解を深めました。

◆日誌の視点・トピックの解説・捉え方・課題

＜ストレングス・モデル＞

　本人の持っている**ストレングス（強み）**に着目しながら支援の手立てを考えていくことを**ストレングス・モデル**と呼びます。この支援モデルでは、従来の医療や教育モデルのように支援者は〈診断〉を下したり、**専門的指示に従うよう指導をする者**としてではなく、本人がどんな生活を望んでいるのか、どのようなストレングスがその達成のために活用されうるかを**伴走しながら一緒に考える者**としてかかわることになります。そうすることで当事者の病理や弱さといった〈問題〉に焦点化するのではなく、本人の〈強みや願い〉に焦点化し、**できることを増やしていくためのアセスメント**（その人をより深く知り、支援方法を考えだすこと）と介入が可能となるのです。

◆発展的課題

＜リフレーミングしてみよう＞

　強いこだわりがあって意に沿わないことがあるとパニックになり、繰り返し同じ言葉をブツブツと言って耳をふさいで話を聞いてくれない。友達とのかかわりは薄く、フラフラと行ったり来たり、特定の先生や職員にまとわりつくように関心をひこうと甘えや試し行動をしてみたりと、集団でいることができない。何をするにも決まった順番があって、いつもと違った順序で支援してとりくみはじめたら、できていたことすら全くできなくなってしまった。優しくしても厳しく叱ってみてもだめ。ベタベタしてもまだ小さいから「可愛いね」で済むかもしれないけれど、大きくなった時のことを考えると好ましくない行動を「してもよいこと」と誤学習してしまうかもしれない、というように支援をしていると悩み困り顔になったり、焦りや怒りがわいてきたりするものです。

　こんな時は、ほんの少し感情や思考の枠組みから自由になって別のポジティブな視点・表現に現状を置き換えてみませんか？するとどうでしょう。自由に動き回っていたことは、居場所がなく施設での生活の見通しがつかず不安だったためで、特定の人やこだわりを持つことで安心できる心理的拠点を作ったり、感覚の過敏さから刺激を和らげる努力を一生懸命したり、落ち着く言葉を唱えているように見えてこないでしょうか。何をしていいか分からなくてイライラしないようルールを決めて行動することも、一つのことに忍耐強く集中力を発揮しながら自立的に取り組むためのことで、素晴らしい力を本人が持っているからこそその行動の現れです。ソーシャルワークとは、ひとびとを優秀な典型に仕立てあげていくことではなく、「むしろ、各個人のなかにある最善の長所を発見し、それを解放し、伸ばしていくこと」と述べたリッチモンドの言葉を思い起してみてください。燃え尽き、かかわることを止める前に、ぜひ当事者の目線から考えるため、リフレーミングしてみましょう。

● 用語の解説 ●

【ADL：日常生活動】

　食事や更衣、整容、排泄、入浴、移動、睡眠、コミュニケーション、社会的認知などに伴う基本的な動作群のこと。ADLの遂行可能性や実行状況を測定することによって、個人の能力や社会生活上の指標として活用するとともに、障害当事者の個別性に合わせたADLの援助・拡大・自立への働きかけが、支援の要となっている。アセスメントの際には、それぞれの動作を分解し、全介助から部分介助、完全自立まで層化し、支援の程度を決定している。ADLが低下すると活動性の低下・社会参加の機会の減少、生きがいや役割の喪失などにより、身体的・精神的機能が低下していき、その結果、さらにADLの低下、自立度の低下を引き起こしてしまうことになる。なお、基本的な身の回りの活動以外にも買い物や食事の用意、洗濯といった家事動作、預貯金や支払いの管理、服薬管理、健康への関心といった生活の中での応用的な動作のことはIADL（手段的日常生活動作）と呼ぶ。

【エンパワメント：権利擁護】

　もともとは、能力や権限を与えるという意味であったが、アメリカの公民権運動や女性解放運動において、抑圧されたマイノリティの社会的地位向上のめの活動と再定義される。またエンパワメントは、ひとびとの能力や権限について、教育や訓練によって後から付加されるものではなく、その人が本来もっているものであり、社会的制約によって発揮が疎外されていると捉える見方でもある。それゆえ支援は、本人のもっている力や権限が発揮できるよう、あらゆる社会資源を再検討し、条件整備を行なっていくこととなる。私たちの生活の側に統合するのではなく、その人の生活を尊重した共にある生活こそが、あたりまえに地域で暮らす（Care by the Community）こと、それをいかに保障していこうとしているのか、ぜひ福祉の現場での取り組みを学ぼう。

トピック㉓　高齢者福祉【高齢者施設】

10月4日（金）	天候　晴れ	体験時間	8時30分から17時	
本日の体験の目標 ・利用者の人権に配慮しつつ、コミュニケーションをとる方法を学ぶ。 ・障害や加齢によって運動機能に支障がある方にも喜ばれるレクリエーションを学ぶ。				備考
時間	プログラム		体験内容	
8：30	オリエンテーション		施設や利用者についての情報、車いすの扱い方など注意事項の説明をお聞きする。	
9：30	朝の歌		自己紹介をする。利用者とともに歌を歌う。利用者のお名前をお聞きしたりしながら言葉や表情でコミュニケーションをとる。	
10：00	健康体操		介助を行いながら、一緒に健康体操をする。	
12：00	昼食		お茶を配る配膳を手伝う。その後、体験生も休憩をとる。	
13：30	レクリエーション		なぞなぞや早口言葉などの言葉遊びをする。体験生が、紙芝居を読む。	
15：00	おやつ		おしぼり、お茶などを利用者に配る。利用者の話し相手になってコミュニケーションをとる。	
16：00	利用者の見送り		送迎バスへ車いすで移動するのを介助する。	
16：30	振り返り		一日の体験の振り返りを行う。	

本日の実習から学んだこと

　事前学習で利用者に馴れ馴れしい言葉かけや、子ども扱いするような言動をすることは、人生の先輩への態度としてふさわしくないことを学んでいたので、最初の自己紹介の後で名前をお聞きできたことはよかった。お名前を呼んでお話すると目を合わせてくれるので良好なコミュニケーションをとれたように思う。食器を片付けたり、お茶を配ったりする際にも、その人の食べ方のタイミングを見計らう必要があることや、いきなり目の前に持っていくのではなく、「お茶ですよ」と言葉を丁寧に添える必要があることがわかった。言葉遊びのレパートリーを増やしておいたので、突然指名されても対応することができた。大学で学んだ多くのことが、このように役立っていくのだと思った。

◆日誌の視点・トピックの解説・捉え方・発展課題

＜高齢者福祉を学ぶ姿勢と意義＞

　体験生の多くは、デイサービスセンターで体験を行い、様々な身体的・精神的状況にある利用者と関わり、自分ができることは何かを考えることになります。体験生は専門知識を学び、実践の場において学びを深めることを目的とした実習生ではありませんが、実習生と同じように真摯に臨み、学んでいこうとする姿勢が必要です。体験生一人ひとりは、介護等体験を通して、様々に人と交流・支援をし、それぞれに気づきをえ、そこから個々に学びを深めていくことで、新たな認識等に出会うことができる。それが介護等体験の魅力です。

　こうした体験から、一人ひとりが違う存在であり、多様な価値観を一人ひとりがもっていることに気づくでしょう。いずれ教育者として接していくことになる、子どもも、そして教育者自身も、又は体験生自身も、年を重ねることは避けられません。指導する子どもたちが、自分の長い人生を捉えて、成長していく中で学び続けていくことの意味を考えることができるような指導を目指し、充実した体験にしましょう。

＜日常生活＞

「掃除や洗濯ばかりで交流があまりできなかった」という不満の声を聴くことがあります。しかし、介護等体験先で行われている職員がプロとして行う介護サービスは、本質的な介護技術が伴うことになります。専門職養成のための実習ではないのでそれらを行うことはできません。また、掃除や洗濯という衣食住に関わる環境整備は、利用者が人間らしく暮らしていく上で、非常に重要な基礎的な仕事です。こうした仕事に心を砕けない人が専門的な関わりを対象者にできるとは思えません。

さらに、食事・排泄・入浴・移動・寝起き等の中で行われる日常生活動作（ADL）とは、普段の生活において必要な基本的な動作のことです。これらは人間らしい生活を送る上で一つとして欠かすことのできない生活習慣でもあります。ご本人が自力で行うことが難しくなった際に、それらの負担は家族に向かいます。主たる介護者は母親が担うことも多いですが、そうなった場合に、手をかけてもらえる時間を奪われがちになっていくのは、子どもたちです。そうした家族を支える役目を果たしているとも言えるのが、高齢者福祉施設です。日常生活動作を支援しつつ安定した生活を作っていくことは、家族の心に余裕を生み、高齢者にとっても、居心地が良い居住空間となります。

＜交流の場である施設＞

人と触れ合うことの重要さは、子どもに限ったことではありません。加齢に伴い、人は自主的に外出できなくなったり、話し相手が少なくなっていったりします。そんな状況を防止するために、高齢者福祉施設での交流があります。本人の生活そのものに刺激を与えると同時に、孤独を防止し、他者との交流を図る機会を提供します。新しい人との出会いは少なくなっていくものですが、そのような高齢の方達にとって、介護等体験生との出会いはまたとないよい機会です。体験生にとっては教職にとって大切な学びですが、利用者さんにとっては、普段出会うことがない若い世代との交流の機会です。人生の先輩として、若者が経験していない時代の話を受け継ぐ機会でもあるのです。そのお話は体験生から未来の子どもたちに受け継がれます。交流の手だてとして、一緒に折り紙を折ったり、カラオケで歌を歌ったり、手遊びをする等、さまざまな方法があります。歴史の話や昔の歌を覚えたり、地域の慣わしを調べてみたり、話題になるようなことをたくさん準備して、話の懐を温めておきましょう。

＜みな必ず年を取り、死が訪れること＞

体験に行く多くの若者は、自分がいずれ加齢を重ね、足腰に異変が起こり、思うように体が動かなくなったり、記憶が定かでなくなったりして……

● 用語の解説 ●

【老いること】

子ども期・成人期の次の段階としてやってくる老年期は、老い衰えゆく時期であり、社会に貢献できることは何もなく、次世代の経済的負担になっているといったイメージを持たれることが多い。このようなイメージのことをエイジズム（年齢集団に対する偏見・差別）とよぶ。

けれども介護等体験を通して出会う高齢者の中には、日常生活上の支援をそれほど必要としないアクティブな自立生活期にある高齢者や、緩やかにその自立度が低下する時期にある高齢者もいる。中には、トレーニングジムにあるような機械を用いてリハビリを行う高齢者もいるし、囲碁やカラオケを仲間と楽しんだり、タブレットのマップ機能を用いて思い出の地めぐりをしたりする高齢者もいたりする。

たしかに、イメージするように加齢に起因する動作能力の低下によって、身の回りの支援を常時必要とする要介護期にある高齢者と出会うこともあるが、その〈健康〉状態はさまざまであり、年齢の上昇によって一様に悪化するものでもない。個人の身体の「ままならなさ」は、健康状態を左右する要因の一つではあっても、決定要因ではないのである。たとえ寝たきりの生活であっても、また重度の認知症があっても、社会に参加し尊厳のあるその人らしい自律的な生活を過ごすことで、健康状態がよく、生活の質（Quality Of Life）の高い暮らしを営んでいるといえる。

いずれ、死を迎えることを実感できていないことが多いようです。実際、人が亡くなる順番などは誰にも分かりません。分かっているはずなのに、高齢者の施設に体験に行った若者は、自分はお世話をしてあげる人であり、高齢者の方々は、お世話をしてもらう人であるという単純な図式から入りがちです。他人事ではなく自分事として、イメージしながら体験を行ってみてください。そこに命の尊さを感じることもできると思います。

＜世代間交流の欠如、周辺住民との関わりの薄さ＞

　都市部の人口集中や少子化、核家族化の進行や共働きなどの増加、そして平均寿命の伸びを受けて、地方で暮らす祖父母と遠く都市部で暮らす息子・娘家族の図式は、もはや当たり前のようになっています。以前の子ども達は、世代の違う家族に囲まれて育ち、近所付き合いの中から、人としての振る舞いや交際の仕方を学びました。躾をするのは親や学校の先生だけではなく、親戚の人たちや周辺近所の大人も含まれていたのです。

　しかし、体験生の中には、高齢者施設での介護等体験で初めてお年寄りに関わる学生、お手伝いをした際に、相手から「ありがとう」と言われたことが初めてだった学生がいます。それはそうした学生達のこれまでの生活の中に、世代間交流が不足していたり、地域住民との関わりがなかったりしたためでしょう。西日本豪雨の際、岡山県倉敷市真備町の母子が地域の中で発見されずひっそりと亡くなった話は、地域の中で暮らすことの意味を人々に考えさせました。多様な他者と一緒に暮らすということを体験を通して考えてみましょう。

＜いろいろな人の気持ちになって考えること＞

　相手が障害者だから、高齢者だから、こうすれば大丈夫というマニュアルはどこにもありません。優れた施設のスタッフの援助技術を学び、同じようにしてみても、同じように利用者さんが反応するとは限りません。それは、利用者さんと職員の間に作り上げられた人間関係も大きく関係しているからです。5日間という短い体験期間の中で、自分自身のコミュニケーションスキルが格段に上がったり、別人のように振舞えるようになるわけでもありません。むしろ、自分自身のコミュニケーションの癖に気付いたり、そもそも初対面の年齢の違う人に話しかけることがとても苦手なことに気付いたり、言葉に頼ったコミュニケーションであることを反省するきっかけとなったりするでしょう。介護等体験を通じて自分のコミュニケーション手法を見つめるきっかけになるということも重要な課題の一つです。

　介護等体験の学生が目指していくのは指導者です。クラスにはいろんな性格の生徒がいます。自分の得意な生徒の相手だけがうまい先生であっていいはずはありません。どの子にとっても大切な先生になるためにはどうしたらいいのか、そのヒントは、介護等体験の中でも見つけられます。体験中は、接する人それぞれの気持ちになって、その人の考えを想像して、どうしてほしいか、どうしてほしくないのか、自分で考え、見つけ出し、行動にうつしてみましょう。

＜将来、教育現場で伝えるべきこと＞

　デイサービス施設での体験の最終日には、体験生が企画した出し物を利用者さんと楽しむ。という趣旨の活動が用意されていることが多いです。それは利用者さんが楽しむためでもあり、体験生との思い出作りの一環でもあります。出し物は初対面の他大学の体験生と共同で企画することもあります。

　これはなかなか大変です。リーダーができるタイプの体験生がいなくて企画が進まなかったり、そもそも親しくなっていないので話しかけにくかったり、やりたいと思うことに賛同が得られずイライラしたり・・・。

　そうしてやっと出し物やレクリエーションをやってみたら、やり方が分からない人が出たり、体の不自由さによる理由でやってもらいたいことをやってもらえなかったり、思ったより早く終わって手持ち無沙汰にさせてしまったりというようなことも起こります。そのことの理由はいつも決まっているわけでなく、ひとつではないでしょう。体験生が教師になった際、このレクリエーションをスムーズに行えた経験、行えなかった経験すべてが、子どもたちに教えていく力となります。成功体験だけが人を育てるわけではありません。

　また、教師となるものは、学校教育の現場にだけ、詳しければいいのでしょうか。子どもがクラスでケンカをした際、原因はいつも学校内にあるのでしょうか。子どもを取り巻くクラスは学校の中にあり、学校は社会の一部です。関わる相手は、家族や教師だけではありません。その家族の中身も、みな同じではありません。教師の視野の広さが、体験した世界の広さが、子どもたちの資質を高めるのではないでしょうか。社会福祉の現場には、どの人にもそれぞれ異なる人格があり、唯一の存在であり、それを支える人たちの営みがあります。体験生として、お忙しい福祉の現場で学ばせて頂いた恩返しに、自分の目で確かめて得た、正確な知識と経験知を、子どもたちに伝えていくことが重要です。

　介護等体験は、どのように社会全体が介護を必要としている人々を支え、連帯しているのか、この現状と課題を知る良い機会です。教師も、発展途上の子どもが一人の人間として、自立していく支援をする仕事をします。それは、社会福祉で働く人と連帯するものです。

● 用語の解説 ●

【ICF】

　ICF（国際生活機能分類）は International Classification of Functioning, Disability and Health の略であり、2001年に世界保健機構（WHO）によって採択されました。人の健康の構成要素に関するモデルで、すべての人を対象とした「生きることの全体像」を示すものです。「障害」とは、個人の能力の問題ではなく、生活機能と個人因子・背景因子の相互作用の中で、生活上の困難として「経験されるもの」なのです。

【生活機能と障害】

　ICF では「生活機能」が何らかの理由で制限されている状況を「障害」としています。心身機能に障害がある場合に加え、「コミュニケーションが困難」、「仕事をすることができない」といった状況も、活動や参加に「障害」がある状況としてとらえられます。そんな「生活機能」と「障害」の状況を細かく分類し示しているのが ICF です。加えて ICF では、生活機能や障害の状況に影響を与える要素として「環境因子」と「個人因子」を挙げ、「環境因子」も同じように分類をしています。つまり「生活機能」を作り上げている要因も分類することで、「人が生きること」を広い視点から総合的に理解することを目指しているのです。

トピック㉔　様々な障害と支援のあり方【特別支援学校・知的障害】

10月4日（金）		天候　　晴れ	体験時間	8時30分から17時	
本日の体験の目標 ・個に応じた指導に触れ、教育の在り方を考える。②自立活動の重要性を学ぶ。					備考
時間	プログラム		体験内容		
8:30	オリエンテーション		特別支援学校や児童・生徒についての情報、車いすの扱い方など注意事項の説明をお聞きする。		
8:30	朝の会（出席をとり歌を歌う）		車いすの介助を行い、教室へ移動。一人ひとりに挨拶をする、歌を一緒に歌う。		
9:30	リクリエーション		室内で手あそびやゲームを行う、名前を覚える。		
10:00	生活単元学習		介助を行いながら、体操をする。		
12:00	給食		自立活動の指導として位置づけられている給食を観察し個別介助を体験する。		
13:30	教科の学習		多動の児童に配慮しつつ観察する。		
15:30	帰りの会		一人ひとりと挨拶をする。		
16:30	振り返り		一日の体験の振り返りを行う。		

本日の体験から学んだこと

　車いすの介助の方法は予備知識があったが、自助具は初めて見たのではめ方がわからず戸惑ってしまい、、Ａちゃんに不安な思いをさせてしまったのではないかと反省しています。わからない場合は事前に担当の先生にお聞きしておくことが必要だったと思いました。また、先生方がしっかりと教材研究をしていらっしゃって、算数などの指導方法を工夫していらっしゃることがとてもよくわかりました。床上やベッドサイドなど個別の状況に合わせて指導する方法が必要なことも理解できました。

◆日誌の視点・トピックの解説・捉え方・発展課題

【特別支援学校の教育内容に触れ、個別の対応方法について学ぶ】

＜視覚的・教育的配慮＞

　ICT環境が整備され、パソコンの様々なソフトやタブレットなどを授業に活用する機会が増えています。教科学習の手段やコミュニケーションのツール（道具）としての活用、インターネットによる情報収集や交流目的での活用など、積極的に活用されています。

　また、個々の児童生徒が意欲や興味をもって取り組み、教科内容を学習し習得しやすくするために、多くの学校現場では、教員が手作りの教材を創意工夫して開発し、楽しく学習できるよう努めています。それは各学校の知的財産になっています。体験終了後、先生方に手作りの教材を作るに至った経緯や使い方など、積極的に質問してみましょう。

　児童の机は、教員だけでなく、発言する他の生徒の顔や手の動きがよく見えるように馬蹄（半円）形に配置されていることも多いです。また、設備面では、始業のチャイムとともにランプが点灯する装置や、校内放送等を文字情報で伝える電子文字情報装置（LED）を取り付けている学校が多く見られます。聴力検査や補聴器の調整を行う防音の検査室も設置されています。

　体験生は、直接的な教育活動は行えませんが、その分、広く持てる視野を生かし、教材の特徴や生かされ方、子どもたちの反応など多岐にわたった観察を試みましょう。

＜聞こえ方が違う児童への関わり＞

　ろう学校で学ぶ児童生徒の聞こえ方は、人口内耳を装着し聴覚を活用する生徒から、補聴器を装用しても音声の聞き取りが困難な生徒まで、その聞こえ方の実態はさまざまです。聞こえないから手話を用いているのではなく、他者とコミュニケーションを取るために手話も活用しているのです。

教育領域で用いるコミュニケーション手段（聴覚・読話・発声、発語、手話、指文字等）に関しても、音声を主として用いる児童、手話を主として用いる児童、学齢から表情やボディランゲージを主としている児童、一人ひとりのコミュニケーションの特質に配慮した指導がなされています。

体験前にはできるだけ手話を覚えましょう。体験生が手話を覚え用いてくれる気持ちに、子ども達の心が開かれ、打ち解けていきます。

さらに、実際に教育現場に参加することを通じて、自分が教員ならば、どのような工夫をもって、個々の児童たちを指導していくべきか考えながら体験しましょう。

＜同じ障害を抱えた教職員からも学ぶ＞

児童・生徒と同じ障害を抱える教職員は、彼らにとってロールモデルとなることも期待されています。聴覚障害のある教員は、当事者としての経験と知見を教育現場に反映させていく意味で聴覚特別支援学校における「中枢的役割をになう位置にあり、また今後の聴覚障害教育のありように影響」をもっています。介護等体験では関わる児童・生徒から学ぶだけでなく、教員からも学びますが、障害のある教員からも多くを学ぶことが重要です。

【知的障害及び重複障害の対応方法について学ぶ】

「体験先に行き、ASDの中学生に声をかけたら、顔を背けられてショックだった」という学生がいました。ショックを受けるというのは、障害を理解できていない証拠です。自分の持っている枠組みで相手を理解しようとするのではなく、相手の得意なことは苦手なことは何なのか、どのようにコミュニケーションをとっていったらいいのかを考えましょう。新しい理解の方法を実地で学ぶのも介護等体験の醍醐味です。

＜通常学級における発達障害支援の必要性＞

平成14年に「通常の学級に在籍する特別な教育的支援を必要とする児童生徒に関する全国実態調査」が行われました。その後、同様の内容で調査するとともに、その受けている支援の状況を調査し、通常の学級に在籍する発達障害の可能性のある特別な教育的支援を必要とする児童生徒の実態を明らかにしようと、平成24年に改めて、「通常の学級に在籍する発達障害の可能性のある特別な教育的支援を必要とする児童生徒に関する調査結果」（文部科学省初等中等教育局特別支援教育課）が出されました。本調査は平成14年の調査が5地域の対象であったのに対し、全国的な状況（岩手県、宮城県及び福島県を除く）をより明確に反映しています。

学習面又は行動面で著しい困難を示すとされた児童生徒の割合が平成14年調査においては6.3%ですが、24年の調査では推定値6.5%という数値になっ

用語の解説

【ロールモデルとしての障害のある先生】

全国聴覚障害教職員協議会（2010）では、障害のある教職員について以下にように述べられています。①同じ障害のある児童生徒が自己の将来像を描く上での指針、②障害のない教職員との良き関係を示すことによる望ましい社会参加の関係モデルの提供、③障害に応じた指導方法の工夫の実践と提案、④当事者としての体験に基づいた保護者支援、⑤障害に即した職場環境の整備とバリアフリーのモデルの提供、⑥個々の児童生徒に見合った多様なコミュニケーションの提供、などです。

【知的障害】

アメリカ精神遅滞学会のマニュアルにおける定義によれば、「知的障害は、知的機能および適応行動（概念的、社会的および実用的な適応スキルによって表される）の双方の明らかな制約によって特徴づけられる能力障害である。この能力障害は、18歳までに生じる」とされます。

知的発達がゆっくりとした子どもの教育は、小学校、中学校の特別支援学級（知的障害、自閉症・情緒障害）及び特別支援学校（知的障害）の幼稚部、小学部、中学部、高等部で行われています。教育の目標は基本的には通常の学校と同じですが、知的発達の程度が、同年齢の標準よりもゆっくりとしていることで、社会生活上の制約を受けることに配慮し、生活する力を高め、社会参加・自立するための知識・技能・態度や基本的生活習慣の習得に重きを置いています。人は社会生活の中で育まれていきます。体験生として接する中で、授業の中であれば、教員と共に子どもたちが意欲的に活動できるように手本となったり、共に活動したり、声かけをしたり、教員の手助けをしながら、自身の体験内容を深めてください。

ており、この数値以外にも、何らかの困難を示す児童・生徒がいると教員たちはみています。このような実態調査の結果からも介護等体験は、通常級の小学校、中学校の教員を目指す者として児童・生徒を理解するために必要な体験であることがわかります。

現在、自分の中に捉えきれていない指導方法や関わりの方法を、特別支援教育の現場に赴き、体験をすることで、常に学ばねばならないという気づきを得てもらいたいのです。備えていない対人対応技術がまだまだあることを知り、児童生徒の健やかな発達のために、教師は学び続けていかなければならないことを感じてください。

体験を経た学生が、「支援級のクラスの子どもと接したけれど、やって欲しいことをやってもらえず。また、やってはいけないことを止められなかった。どうしたらいいのか分からなかった。悔しい。現場の先生たちの対応の仕方をもっと勉強して、自分も子どもたちのために、できるようになりたい」という印象的な言葉を残してくれました。この言葉は、実際に関わった児童生徒への愛情から自然と湧き出た思いであったと思います。子どもを想う、その気持ちが、あなたを〈先生〉にするのです。

【重複障害】

学校教育における重複障害は、以下のうち、二つ以上を併せ有する場合を言います。視覚障害、聴覚障害、知的障害、肢体不自由、病弱（身体虚弱を含む）場合によっては、上述のいずれかあるいは複数の障害に加え、発達障害を有する場合も「重複障害」としてみなされる場合もあります。

特別支援学校の現場には、いくつかの障害を併せ持った児童生徒も複数在籍しています。しかし、視覚障害と肢体不自由を併せ持つという特徴が同じであっても、一人ひとり視覚障害の程度や肢体不自由の状態も異なります。そのため、対応方法や援助方法、学習計画も個々によって違ってきます。このやり方でいいというものはありません。目の前の子どもの必要（ニード）を理解し、いったい何をすべきか、考えながら体験を行うといいでしょう。

【発達障害】

発達障害とは「自閉症（ASD）、アスペルガー症候群その他の広汎性発達障害、学習障害、注意欠陥多動性障害その他これに類する脳機能の障害であってその症状が通常低年齢において発現するもの」（発達障害者支援法第2条）です。発達の早いところと遅いところ（発達の凸凹）のある状態とも言われています。発達障害のある子ども達は、子どもの段階から学習面や行動面で大きな問題に直面します。発達障害は中枢神経系機能障害を原因とする障害です。苦手な勉強がある、団体行動がとれない、落ち着きがないといった言動は、親の愛情不足や性格の問題ではありません。ASDの児童はADHDや知的障害を同時に持っていることが多く、また、環境の改善で状態が良くなることもあります。環境の一部としての人間関係を改善していくことが必要だといえます。

第2節　日誌の記述について気をつけること

　学生の皆さんは日誌の書き方を学校で学び、たくさん練習をし、実習に臨んでいることでしょう。しかし、実際に実習日誌を書いてみると、体験した事柄を文章で表すことや、保育者の目的や意図を考察しながら書き上げることに難しさを感じることも多いでしょう。

　実習園によっては日誌の形式が園指定の用紙のものや、書く枚数を多く求められる園もあるようです。学んできた形態と異なることで、戸惑いや不安を感じてしまうこともあるかもしれません。また、努力して書き上げた日誌をやり直すよう指示されると、全面的に否定されたように感じて、日誌だけでなく実習に対しても消極的な気持ちになってしまいがちです。しかし、保育者もより良い保育を学び、学んだ事柄を取り入れてもらえるよう、丁寧に添削してくださっていると視点を変えてみるのも、前向きな気持ちを持つのに助けとなるかもしれません。日々の業務に追われる中で、実習生のために時間を作ってくださり、未来の保育者を育てるため丁寧に指導してくださっていることも忘れないようにしましょう。

　その上で、実習生として努力や誠意が伝わる日誌を書きたいものです。そのために大事なことは、次の三つです。

　まず、日誌は決められた期限に必ず提出しましょう。前日の日誌を次の日に提出するという園が多いと思いますが、決められた期日を必ず守るということは、実習を担当してくださった保育者との信頼関係を築くためにとても大切なことです。実習担当者がその日によって変わるということもあるので、誰に、またはどこに提出をするのかきちんと確認しておきましょう。さらに、提出に関するトラブルを避けるためにも、提出前にコピーをとっておくのも良いでしょう。

　次に、文章表現に気をつけましょう。子どもとの関わりのなかで、「〜してあげる」「〜させる」という書き方は、実習生が主体となり、意思や意図を押し付けているような印象を与えます。また、保育者の言葉かけを「○○を怒る」「〜と注意する」といった表現ではなく、「〜と指導をする」「促す」といった表現に変えると、客観的で、事実に基づいた書き方になるでしょう。また、保育者の働きがけについて、上から保育者を評価するような表現も、相手にあまり良い印象を与えません。日誌を読んでもらうということを常に意識し、主観的にならないよう心掛け、実習に対する誠実さや意欲が伝わるよう配慮しながら記入しましょう。

　また、話し言葉を避け、記入漏れや誤字脱字のないよう心がけましょう。分からないことや、不確かなことは確認をすると良いでしょう。園の概要やオリエンテーション、見取り図など、事前学習として実習前に記入できるものは完成させておきましょう。

　三つ目は、考察や反省がその日の日記のようになってしまわないよう気をつけることです。保育者の働きかけの意図や、取り入れてみたいこと、改善点などをふまえて書くようにします。そのように心がけていくことで、実習の視点を変えることや、今後の課題を見つけていくことができるかもしれません。また、日誌に書き慣れていくことで、実習に対

しても前向きになれるでしょう。

　その他に、メモの取り方も注意が必要です。子どもと保護者との関わりや子どもの様子をじっくり観察するのではなく、日誌を埋めたいためにメモ帳と格闘している実習生を見かけます。しかし、日誌のために実習するのではなく、現場の様子を肌で体験し、それを整理し、学びと結びつけるために必要なのが日誌です。メモに頼るのではなく、その時その場で感じたことを思い出しながら、日誌を書き進めていきましょう。

　日誌を書くのに時間がかかり、睡眠不足で次の日の実習に支障が出てしまい、体調を崩してしまう学生も多くみられます。保育は子どもと毎日元気に過ごす体力のいる仕事でもあるので、しっかりと休息をとることも心がけましょう。日誌を書くときはなるべく早く書き終えるよう、日ごろから書く練習をし、時間を決めて集中して書けるよう努力や工夫をしましょう。

　書くことが多く求められる仕事でもあるので、努力したことは保育者となった際にも必ず生かされることでしょう。

第4章

自分の指導案をデザインする

第1節　指導案の書き方

1. 指導案についての基礎理解

(1) なぜ指導案を書くの？

　みなさんは初めての場所に行く際、どのような準備をしますか？　目的地までの経路と運賃を調べ、何通りかの経路を比較して選択し出発時刻を決めることでしょう。初めての場所に迷わずにゆとりをもって到着するために必要な事前準備です。このゆとりには、「精神的に落ち着いた状態」という意味もあります。

　子どもたちが保育の中で取り組む活動のその先には、このような姿に育ってほしいという保育者の願いがあり、それに基づき活動のねらいが挙げられます。つまり、援助や指導をしつつ、見通しとゆとりをもってその活動のねらいを達成する方向に導くための綿密な事前準備が必要ということです。そのために、子どもたちの今の姿を実態として把握し、発達段階にふさわしい体験が積み重ねられるようにすることが保育者には求められます。事前に必要な情報を収集・整理をして流れを検討する、所要時間を予測する、必要なものを準備する、一人ひとりの姿を予測し配慮事項を挙げておく、といった事前準備が必要なのです。みなさんにとって、指導案は難しいという先入観があるかもしれません。しかし、皆さんが日常生活でしている準備と同様に、「落ち着いて」「見通しをもって」行うために必要な事前準備として、指導案を書くのです。

(2) 指導案とは？

　保育における主役は子どもたちです。子どもたちは、環境との関わりの中で様々な遊びを創造し、その遊びを通して学びます。保育者はその主役である子どもたちの遊びに深まりや広がりがみられるように臨機応変に援助というかたちで指導します。この時、子どもの多様な姿に対応するために保育には「予測」に基づいて検討された計画が必要なのです。子どもをどのように捉え、なぜこの活動を選んだのかを明確にし、その活動に必要な環境を構成し、保育の見通しをもつために予測に基づいてつくられる計画書であり、それが「指導案」なのです。十分に子どもの姿を予測していても、心情や様々な条件により子

どもの活動は変幻自在に形を変えていきます。指導案は、計画通りに進めることが重要なのではなく、柔軟に対応するための事前準備だと理解しましょう。

2. 保育における指導案の位置づけ

(1) 全体の保育計画に位置づく指導案

　幼稚園教育要領・保育所保育指針・認定こども園教育・保育要領に基づき、就学前施設では教育課程や全体的な計画を作成するよう明記されています。それには、年間指導計画・期間指導計画・月間指導計画といった長期的指導計画や週間指導計画・日の指導計画といった短期的指導計画があります。実習生が長期的指導計画を書くことはありません。責任実習に必要となる、1日の保育の中のある場面の指導計画である部分指導案と1日の保育全体を書く全日指導案を書きます。それらは、年間指導計画⇒期間指導計画⇒月間指導計画⇒週間指導計画⇒日の指導計画（日案）という全体の指導計画の中に位置づけられたものであり、貴重な時間を提供していただくことを理解する必要があります。

(2) PDCA サイクルに位置づく指導案

　保育者は、子どもたち一人ひとりと丁寧に関わり内面を感じ取り、その一人ひとりが関わり合いながら過ごす場となるクラスと全身で向き合い、「個」と「集団」の理解に努めています。その「個」と「集団」の理解に基づき計画が立てられ、その計画に基づき保育実践が行われます。実践の後には反省・評価をします。PLAN（計画）⇒ DO（実践）⇒ CHECK（反省・評価）⇒ ACTION（改善）という一連の過程を、頭文字をとってPDCA サイクル言います。保育の質の向上に欠かせないこのサイクルの中に、指導案は位置づけられています。

3. 指導案を学ぶにあたって

　幼稚園教育要領第1章第3の（1）には、「幼児の生活は、……生活に親しみ、安定していく時期から、……やがて幼児同士や学級全体で目的をもって協同して幼稚園生活を展開し、深めていく時期などに至るまでの過程を経ながら広げられていくものであることを考慮し、活動がそれぞれの時期にふさわしく展開されるようにすること。」（一部省略）と明記されています。保育者は、子どもの実態把握⇒ねらい⇒活動内容という流れで指導案を立案します。実習生の場合は、「季節・時期に合っている」「やってみたい」等の思いによってまず活動内容を決める⇒ねらいを挙げる⇒子どもの実態に合うように検討する、という流れで立案すると思います。立案までのプロセスは、保育者とは異なりますが、実習生がPDCA サイクルを疑似体験することには、保育を学ぶ上で大きな意味があります。保育を「観察をもとに」記録するのが日誌、保育を「予測をもとに」計画するのが指導案です。指導案を書く際に何より心強い味方になるが『実習日誌』と言えます。第3章の日誌の学びと関連させながら、前向きに学んでください。

第2節　指導案作成の実際

1．短期の指導案を書いてみよう

　実習生が実習中に書く指導案には、午前中の設定保育や夕方の保育に関して計画を立てる部分実習指導案と一日の計画を立てる日案とがあります。

　実習生が頭を悩ます大きな問題は、どのように書いたらいいのか、いつ頃書いて提出するのか、ということです。

　実習日誌と違い、指導案は毎日書いて提出する書類ではありませんし、参加実習の中で学ぶことを重視して設定保育を行わない実習もあります。しかし、2回目の保育所実習や幼稚園実習では部分・責任実習を行うことが多いのも事実です。オリエンテーションの際や実習の初日に部分実習／責任実習の有無・スケジュール、指導案作成の要不要・提出日・提出先など確認し、実習担当の保育士・教員から指導を受けながら、①いつ②誰と③どのように指導案の話をするのか明確にしておくとよいでしょう。

　どのように書いたらいいのかということについては、指導案の書き方を参考に乳幼児の発達や保育理論の復習をしつつ、担当するクラスの乳幼児の現在の状況を踏まえて教材研究を行い、実習初日から書き溜めていく必要があります。しかし、実習初日に指導案を提出するように指示されることもあります。

　その場合には、闇雲に指導案を作成するのではなく、まずは実習先の子どもたちに関する情報を集めるところから始めましょう。実習が始まる前であれば、実習先の保育方針や理念、特色のある活動などを調べ、活動を考えることができるかもしれません。配属のクラスが決まってないのであれば、それまで見てきた子どもたちの姿を想い浮かべたり、オリエンテーションで見学させていただいたりしながら、子どもの育ちを理解して、いくつか指導案を作っていくこともできます。「先生たちが忙しそうで話しかけにくい…」という声もありますが、忙しい合間にも実習担当を引き受けてくださっていることに感謝しつつ、「お忙しいところすみません」と、言葉でそれを表現しながら積極的に質問しましょう。言葉で感謝やお詫びを表現することは関係性を円滑にします。実習生と実習担当との関係が良好であることは、実習生の実習への意欲や満足度を高めるだけでなく子どもとの関係性にも影響します。指導案作成が納得いくものになれば、実習がより充実したものになるでしょう。

　次ページより部分実習指導案の例を示します。

①部分実習指導案　【保育所・1歳児】

11月25日（水）　天気（曇り）	対象児	1歳児（クラス名　　たんぽぽ組） 男子（6名）　女子（5名）　計（11名）

活　　動	新聞紙を使って遊ぶ
活動のねらい	・新聞紙を破ったり、ちぎったりすることを楽しむ。 ・保育者、友だちと新聞紙を飛ばしたり、集めたりして一緒に新聞紙遊びを楽しむ。

設定の理由	・手指の操作が（つまむ、めくるなど）手指を使った遊びを好むようになっている。 ・保育者や友だちと一緒に遊びを楽しめるようになってきている。	環境の構成	保育室：新聞紙を破って広げられるように室内を掃除しておく 保育者 子どもたち
準備物	・新聞紙・ビニール袋（45ℓ 2枚色付き） ・スズランテープ（1巻）		

時間	環境の再構成	乳幼児の活動	実習生の動き・留意点
9：30		○排泄 　トイレに行く子とおむつを取り替えてもらう子がいる。 ○実習生の話を聞く。 ・実習生のところに集まる。 ・「いっぽんばし」の手遊びをする。 ・「新聞紙をびりびりするよ」など実習生の話を聞く。 ○新聞を破って遊ぶ。 ・実習生が新聞紙を破るのを見る。 ・もらった新聞紙を実習生と一緒にびりびりと言いながら破る。 ・破った新聞紙の紙吹雪を実習生と飛ばす。また、自分の頭にかけたりする。 ・実習生が新聞紙をちぎり、お面にしたものを見て喜ぶ。また新聞紙を丸めたり、棒状にしたりするのを見て真似をして作ろうとする。 ○実習生と一緒に日にビニール袋に破った新聞を入れる。 ・ビニールボールになったもので遊ぶ。 ○片付け	・排泄を促す。一人ひとりの子の排泄に合わせて言葉かけを行い、おむつの子、トイレに行く子とそれぞれに対応する。 ・新聞紙、ビニール袋をそばに置いておき、遊ぶことが伝わる雰囲気を作り、子どもたちが集まりやすいようにことばかける。 ・集まったところで、手遊びをする。 ・新聞紙で「びりびりするよ、いっぱいびりびりしようね」「びりびりしたら最後は、みんなでビニール風船作るよ」と説明する。 ・新聞紙を手渡す。予備を床に置いておく。 ・実習生自ら、言葉をかけながら、「びりびりだね」など言葉をかけながら楽しい雰囲気を作る、また、新聞紙でお面を作って見せたり、棒や冠など作って見せる。 ・ちぎった新聞紙を紙吹雪のように飛ばしたり子どもたちにかけて見せる。 ・新聞紙を「鬼だよ」「野球だよ、えーい」などと言いながら、ちぎったり、丸めたり、棒状のもの、お面にしたりして作って見せる。 ・遊びの様子を見て、カラービニール袋を持ってくる。「この中にみんなで、びりびりしたもの入れるよ」と言葉かけをして新聞紙を集めていれる。実習生も楽しみながら子どもたちとビニール袋に入れる。 ・ビニールボールになったボールを触ったり投げて見せる。子どもたちにも声をかけて遊ぶ。
10：00			
10：15	○実 子ども		
10：20			

◆指導案の視点・活動やねらいの設定・発達に即した指導案の立て方など

　1歳児の発達の特徴を確認し、そして目の前にいる子どもの姿、発達をしっかりと把握しましょう。特に乳児（1歳児）は、個人差があります。一人ひとりの発達の違い、運動面、言葉、子ども同士のかかわりなどをよく観察し、把握する必要があります。この時期は、園の生活にも慣れ、担任の保育者、クラスの友だちにも慣れてきている時期、その中で自己主張も強くなってきています。子ども同士の関わり、トラブル等、担任の保育者に一人ひとりの姿、発達段階、クラスの様子や遊びの経験等を聞いて子どもたちの姿を理解したうえで、指導案をたてます。生活の流れ、保育者の援助、環境構成等も併せて担任の保育者に助言をもらうことが大切です。

◆指導案を実践する上での課題や注意すること、今後に向けて発展的な課題

　この活動を通して、どのような経験させたいか、どのような発達を望んでいるのかを考え実習生（保育者）が自ら、遊びを楽しいものにしていく雰囲気作りが大切ですが、1歳児の発達段階を踏まえつつ、それぞれの子どもの興味・関心に合わせて遊びを提供していくことが大切です。興味を示さない子もいても、それは当たり前の姿と受け止め、その子が興味を示していることを大事にしてあげましょう。クラスの担任保育者の援助を受けつつ、柔軟に活動を進めましょう。

②部分所実習指導案　【保育所・2歳児】

10月13日（金）　天気　晴れ		対象児	2歳児（クラス名　　とことこ組） 男子（8名）　　女子（6名）　　計（14名）

活　　動		制作　「みんなで大きなおいもを作ろう」
活動のねらい		・自分の経験を表現することを楽しむ。 ・友達と一つの大きな作品を作る事を楽しむ。
設定の理由		・前日の園庭で行った芋ほりを制作に繋げることでより興味・関心を引き出す。 ・好きなあそびで個別に取り組んでいるハサミの一回切りの作品を使用することで、小さな紙片から大きな作品がでる事の意外性と協力して作る喜びを感じる。

環境構成

床に新聞紙を4枚分広げておく

準備物	黄色の模造紙（1）木工用ボンドを水で薄めたもの、筆、色画用紙を1センチ幅に切ったもの（こげ茶、茶色、紫、橙）、はさみ（5）床に敷く新聞紙、土のついたさつまいも、洗面器と水、ウェス（汚れた手をふく、いもの水をふく等）なかがわひろたか／作　村上康成／絵『さつまのおいも』童心社

時間	環境の再構成	乳幼児の活動	実習生の動き・留意点
9：40 9：50	保育士が椅子に座り、子どもたちは席の見える位置に座る	片付け、必要な子は排泄を済ませて保育士の周りに集まる。 ・絵本「さつまのおいも」の読み聞かせを見る。 ・リズミカルなセリフを一緒に言う子もいる。 ・いもほりの様子を思い出し話す。 ・「茶色」「黄色」「紫」など考えて答える。 ・色の変化に気づく。 ・「やる～。」「どうやるの？」などと言う。 ・「大きいの」「長いの」「○○ちゃんがほったのみたいなの」などと言う。	・絵本『さつまのおいも』を読む。 ・昨日した、いもほりの様子を聞く。 ・掘ってまだ土がついているいもを一つ取り出す。「昨日掘った時は黒い土がついていたね。今は乾いて白くなってきたけど、中はどんな色なんだろう？」「じゃあ、お水で洗ってみよう」と言って用意しておいた洗面器の水で洗う。「おいもがきれいになったね。みんなで、きれいになったおいもを先生が持ってきたこの大きな紙に作ってみない？」と声をかける。
10：00 10：30	絵本を読んだ後広げておいた新聞紙の上に模造紙を広げその周囲に子どもたちが座る テーブルの上に色画用紙を1センチ幅に切ったものとハサミを置く	・話を聞きながら、紙片を置いていく。一つ一つ丁寧に置く子や、バサッとたくさん置く子がいる。 ・事前にあまり切っていなかった子や、切ろうとしてこなかった子が「はれない」と言ってくる。 ・ハサミのコーナーと貼るコーナーを行き来しながらおいもの貼り絵を完成させていく。 ・少しだけやって離れていく子もいる。 ・「おいも、大きいね。」「やきいもにしたいな」「うんしょとこしょって、ひっぱろうか」など言う。 ・そっと模造紙を持ち、テラスに運ぶ子もいる。	・これまでの何日間で、自由あそびの時間に子どもたちと作っておいた色画用紙の紙片を出し「これで作ってみようね」と話し、床に黄色い模造紙を広げる。「どのくらいのおいもにする？」など問いかけながら、マジックでおいもの輪郭を描く。 ・「ここに先生がのりをつけるからね。のりのついているところは、みんなが作ったおいものかけらがつくからね。そこにつけてみようね。」と言って筆でボンドを塗る。実習生が貼る様子を見せてから「まずは、女の子からやってみようか。男の子見ていてね」など、混乱してトラブルにならずに一通り貼れるよう、順番に貼るように指示をする。 ・「あそこのテーブルに紙とハサミがあるから、もっと切りたい人はどうぞ」と声をかける。ハサミのコーナーには保育者の方に入っていただき危険の無いように見守っていただく。 ・2歳児なので無理に参加を促すことはしない。 ・大体、いもの形ができたところで「できたかな？　みんなで見てみよう」と声をかけ、出来上がりを確認する。「じゃあ、のりが乾くようにテラスに出しておこうね。」と言い、子どもたちと運ぶ。

◆指導案の視点・活動やねらいの設定・発達に即した指導案の立て方など

2歳児指導案という点では、自分たちの日常に近い経験を出発点にすることが大切です。実際に経験した事、散歩の中で見た物など、クラスの一人一人の中でイメージしやすく共有ができやすい事柄をベースに指導案を考えていくと良いでしょう。全員が最初から最後まで参加することを求めるのはまだ難しい時期ですので、導入・主活動・それを用いた遊びなど、どの子もどこかで興味を持てる指導案を考えていき、楽しめそうな活動を入れておくことが必要です。今回の指導案では、はさみの1回切りを楽しんでいる姿から共同の制作を行うことにしました。これをきっかけに、あまり興味を持っていなかった子どももはさみを使ってみようとすることがあるかもしれません。いもほりの経験を、絵本の世界と繋げて思い出してみる事も知的な育ちの広がりを助けてくれます。さつまいもが土の中で連なっている様子に驚いたり、さつまいもを洗うと色が変わる事を発見する感動など、子どもの気持ちが弾む経験を乳幼児期にたくさん保障していきたいものです。

◆指導案を実践する上での課題や注意すること、今後に向けて発展的な課題

2歳児は、新しいことが大好きで興味を示してくれる子が多いですが、中々活動に入ってこない子もいます。もし、入ってこない子が興味を持っている様子が見えた場合には「ここにはどの色が合うかな？」「のりが足りないからここに塗ってくれる？」など、取り組みやすい言葉や態度で気持ちを向けられる様に働きかけてみる事も大切です。

乾いた作品を壁に貼り、自由あそびの中でツルや葉っぱを作って追加したり、ツルを絵本の「うんしょ、とこしょ」のフレーズに合わせて引っ張りいもほりごっこをしたりする等、連続性を持って遊んでいく事も出来るでしょう。

③部分実習指導案　【保育所・幼稚園・３歳児〜５歳児】

11月20日（金）　　天気　雨			対　　象	３〜５歳児　男児（10名）女児（12名）計（22名）

活動名	表現遊び『なんだこのたまご』		
子どもの姿（実態）	・グループで遊ぶことが増えている。その際、トラブルも発生するが、子ども同士で話し合い解決することが多くなっている。 ・テレビやインターネット等で見たものの真似や見立て遊びが流行っている。	活動のねらい	・想像力を膨らませ、自由に表現することを楽しむ ・お互いの表現を通して学び合う ・ヒントから推理することを楽しむ
		経験する内容	・身体を使った表現遊び歌『なんだこのたまご』を通して、想像力・表現力・観察力・協調性・思考力・判断力等を使いながら自由に楽しむ

準　備　物	環境の構成
・手作り絵本 　スケッチブック：p.1卵の絵、p.2ヒヨコのシルエット、p.3ヒヨコの絵、p.4卵の絵、p.5魚のシルエット、p.6魚の絵、p.7卵の絵、p.8カエルの絵・・・ ・可能であればピアノ	保育者 ピアノ　　　子どもたちの椅子　　（机等はよせておく）

時間	準備と環境の再構成	子どもの活動	実習生の動きと配慮点・留意点
10:00	○導入 ・手作り絵本	・準備のできた子どもから順次椅子に座る。 ・実習生と会話をしながら待つ。 ・絵を見ながら期待を膨らませる。 ・「ちょっとまってて」の声を聞いてクスクス笑っている。 ・何が生まれてくるのか想像している。 ・絵本 p.2のシルエットを見て、「△△じゃない？」と口々に言う。 ・徐々に答えがわかり、答えたそうにしている。 ・一斉に「ヒヨコ！」と答える。 ・次第に歌を覚え、実習生と一緒に歌いはじめる。	・子どもたちと会話をしながら待つ。 「みんなはどこから生まれてきたの？」「この卵は何の卵だと思いますか？」（絵本 p.1） ・『なんだこのたまご』を歌う。〔譜〕（1）まで ・ヒヨコのイメージに合わせた声色で「ちょっとまってて」と歌う〔譜〕（2） ・続きを歌う。〔譜〕（3）（絵本 p.2） ・子どもたちの方を見て「なんだろうね」とワクワクする気持ちを共有する。〔譜〕（4） ・続きを歌う。〔譜〕（5） ・「それでは先生がちょっと質問をしてみます」（絵本 p.2に向かって）「あなたは大きいですか？」「（ヒヨコの声）小さいです」、「何色ですか？」「（ヒヨコ）黄色です」「かたいですか？」「（ヒヨコ）やわらかいです」等 ・（子どもたちに向かって）「わかりましたか？」 ・「大当たり！」（絵本 p.3） ・同じように、歌いながら絵本 p.4〜 p.6を見せていく。
10:20	○動きのお手本を見る	・歌を覚え、期待感を持って歌っている。 ・実習生の声色を聞いて笑いながら想像している。 ・動きを見て考えている。答えのわかっている子どもが多い。 ・動きと質問の答えをヒントにしながら、表現しているものを当てる。 ・手を挙げる子が半数以上いる。	・「では次は先生が卵になります」（絵本 p.7）実習生が丸くなり身体で卵を表現する。 ・『なんだこのたまご』を歌う。 ・〔譜〕（2）カエルをイメージした声色で「ちょっとまってて」と歌う。 ・〔譜〕（4）身体の動きでカエルを表現する。 ・〔譜〕（6）「質問ある人いますか？」 ・「大当たり！」（絵本 p.8） （子どもたちが遊びを把握したら） ・「卵になってみたい人いますか？」
10:30	○表現遊びをする ・ピアノ	・卵に選ばれた子ども（表現者）が丸くなり、身体で卵を表現する。 ・生まれてくるものをイメージして「ちょっとまってて」と答える ・〔譜（4）〕卵から生まれ、動きで表現する。 ・子どもたちの質問に一生懸命考えて答えている。 ・答えが合っていれば「大当たり！」 ・先ほどより多くの手が挙がる。	・ピアノ伴奏で、歌を支える。 ・子どもたちの顔を見ながら「なんだろう」という気持ちを共有する。 ・ピアノを使い、できるだけ動きに合った音を鳴らす。程良いところで〔譜〕（5）に進む。 ・〔譜〕（6）実習生が「誰か質問ありますか？」と言ってファシリテートする。 ・子どもたちの様子を見て、答えがわかってきたところで、声を合わせて答えを言えるよう合図をする。〔譜〕（答え） ・「次の卵になってみたい人いますか？」

◆指導案作成上の視点

　この活動の導入は、手作り絵本を使って遊びながら子どもたちが自然に歌や遊び方を覚えていくような方法がお勧めです。手作り絵本は、スケッチブックを使って絵を描いたり、インターネット上の使用できるものや子どもたちが描いた絵を貼っておくなど、工夫することで活動を更に楽しくできるでしょう。

　もし、表現者（卵）になりたい子どもがたくさんいた場合には、数人で一緒に卵になることも可能です。その際、3歳児の場合は表現しやすいものをひとつ選べるように援助が必要になるかもしれません。5歳児の場合は子どもたちに任せて秘密の相談をしてもらい、実習生も一緒に答えを考えると、楽しさも増します。表現の方法は自由なので、例えば「ゾウ」を表現する際に、両手で耳をつくる子、長い鼻をつくる子、四つん這いになって歩く子等、みんな違って良いのではないでしょうか。子ども同士のそのような気づきから学び合いにつながっていくことと思います。また、子どもたちが卵から生まれて何かを表現している時には、動きに合わせた伴奏や、1本指や手のひら等を使ってピアノを鳴らし、効果音を入れてあげると盛り上がります。

◆今後に向けて発展的な課題

　このような遊びは、回数を重ねるごとに子どもたちの表現が広がり、挑戦してみたい子が増え、どんどん面白くなっていきます。翌日など次の機会に遊べるチャンスがあれば、子どもたちの創造性は更に豊かになっていくことでしょう。「花」や「風」など、"卵から生まれる生き物"にこだわらず、自由に表現できる環境を作っていきましょう。

・●・・・・・　用語の解説　・・・・・●・

【身体を使った表現遊び】

　他者と関わりながら、自分のイメージを動きで表現し、のびのびと演じて遊べるためには、まず"安心できる環境"であることが大切です。動きやすい空間を準備し、服装に留意しましょう（ズボン・裸足など）。また，保育者やお友だちとの安定した関係の中で、子どもたちのイメージがより豊かに引き出され、更に表現しようとする意欲が生まれていきます。

【本活動の特徴】

　本活動『なんだこのたまご』は、見ている子どもたちが卵を演じるお友だちの表現を観察・推測し、受容するところも特徴のひとつです。お友だちの個性や良さに気付き、一緒に活動する楽しさを味わえるようにしていきましょう。

「たまご」

「相談」

〔譜〕　『なんだこのたまご』

松井いずみ

（楽譜）

（1）なんだこのたまご　なにがうまれる　コンコンコン　「ちょっとまってて」（2）
（3）コンコンコン　「はあい」　（4）（表現者はたまごから生まれて動きで表現する）　（5）なんだろなんだろ
（6）なんだろな　すこしヒントをください（質問タイム）（答え）「大当たり！」

- ❖　「　　」の部分は表現者（卵）が歌います。
- ❖　絵本の時：p1-（1）、p2-（4）、p3-「大当たり！」
- ❖　（2）生まれてくるものをイメージした声で歌います。
- ❖　（6）質問例：「何色ですか？」「大きいですか？」「硬いですか？」など。
- ❖　みんなで歌う時には、子どもたちと一緒に振り付けを考えてみましょう。

６月15日（木）　　天気　晴れ　　　場所　保育室
実施クラス　　さくら組（４歳児　　28名　　出席28名・欠席０名）

ねらい
・折り紙を用いクレヨンを自分で折ることによって、遊びへの意欲を高める
・ルールを理解し、みんなで遊ぶことを楽しむ

内容
フルーツバスケットのアレンジをした「くれよんさんおおいそがし」をする。遊びに必要な色の目印を、折り紙でクレヨンを折って作る。

用意するもの
半分に切った折り紙（赤・青・黄色・緑・ピンク・オレンジ・各５枚＋予備各色２枚　計各色７枚、黒30枚）
セロハンテープとテープ台（各テーブル１台）、養生テープ１巻
折り方を説明するための大型折り紙２枚、掲示用の折り方の手順表、記名したシール（一人２枚、事前に記名しておく）

時間・項目	環境構成	子どもの活動と子どもの姿	実習生の動き	配慮事項
10：00 製作活動	完成までの折り方を掲示する ①半分に折る ②さらに半分に折る ⋮ ①から⑥まで行程を模造紙に貼り、自力でも折れるようにする	説明を聞き、クレヨンを折る ①半分サイズの折り紙を半分に折る ②さらに半分に折る ・白い面である・角が合わない ③開き、片方だけを中央の線まで折る ④裏返して中央の線まで折る ⑤色のついている角を裏側に少し折り完成 お友だちとの会話や折り紙で折ったクレヨンとのやりとりを楽しむ	・着席を促す目的で、これから折るクレヨンと会話をして待つ。「待ってるよ」とクレヨンで話しかける ・大型折り紙で説明する ・各グループの色の折り紙を折ることを伝え、それぞれのグループの色と黒を配る ・黒で説明し、他の色は同じ折り方であることを伝える。自力で折れない子を中心に再度説明し、援助する ①と② ・角が合うよう隣で手本を見せる ・気づくよう見本を見せる ③開いたら白い面にするよう伝える ➡見本を用いて折り線を示す ・折り紙を押さえる援助をし、固定した状態で折れるようにする ※２グループずつ３回同様の説明をする	できるための援助や気づくための言葉がけをして、自力で折れるようにする 中央の線に合わない子には視覚的にもわかるように掲示の見本を有効に活用し、自力で折る意欲を引き出す
11：00 主活動 （ゲーム）	椅子に座って円形になる	クレヨンを名札に付けてもらう 範囲内に着席する ↓ 好きな椅子に座る ルール説明をもとに一度練習する 〈ルール〉 ・鬼は一色だけコールする ・コールされた色は空いた椅子に移動する ・「くれよんさんおおいそがし」で全員が移動する	1．クレヨンをつけてもらったら赤い四角の中に着席するよう伝える 2．養生テープでクレヨンを名札に貼る 3．ルールの説明をする 4．『くれよんのくろくん』を読む 5．椅子に移動するよう伝える 6．「くれよんさんおおいそがし」の隊形で動きながら再度説明をする 7．ゲームを開始する ・コールされた色を伝え、移動を働きかける	３ｍ×４ｍ程度の四角を赤いビニールテープで床に貼っておく 鬼の子が精神的に負担にならないように、実習生が常に中央で援助する 最初の鬼は担任保育者

●担任保育者　　○子ども　　△実習生

◆④幼稚園実習４歳児指導案の書き方─ゲーム「くれよんさんおおいそがし」─

（1）ねらいについて

　その活動をすることによって、子どもたちの中にどのような種をまきたいのかを明確にしてねらいを立てましょう。実習生の場合は、気持ちを育てる＝みんなで楽しい気持ちを共有するというねらいが立てやすのではないでしょうか。

（2）用意するものについて

　子どもたちが使う素材や道具だけではなく、実習生が用いる教具も挙げておきます。この実習生の場合は、説明用に大型折り紙と、完成までの手順を掲示することが必要だと考えて、用意するものとして記載しています。

（3）環境構成について

　子どもたちがその活動を行う物的環境だけでなく、活動を行う適正人数等、人的環境も明確にしましょう。この実習生の場合は、折り紙をクラス全員に教えることは難しいと考え、全員が説明や見本をしっかりと見えるような環境構成にしようと考え、実習生に背を向けることが無いように配慮しています。

　子どもたちが主体的に動けるようにするためには場所が明確に示されていることが必要です。製作から遊びに移行する際には、事前に赤いテープで囲まれた範囲を設けたことにより、明確に伝えることができ混乱なく円滑に活動が展開しました。また、この赤い四角の辺の中央（△の位置）に実習生が立つと子どもたちの広がりは180度になります。角を利用することにより子どもたちの広がりは90度になり、円滑に絵本の読み聞かせに進むための意図があります。

（4）指導案に不可欠な時間差対策

　子どもたちの行動のペースやリズムはみんな同じではありません。そのため、時間差が生じます。このとき、遅れている子を急がせてしまいがちです。そうすると、待っている子も落ち着かない気分になりますし、実習生も疲弊します。そこで、この時間差を有効活用する工夫が必要です。この実習生の場合は、「急いで」という代わりに、これから作るクレヨンを擬人化して子どもたちと会話しています。作るものへの親しみを持つことによって、このわずかな時間が活動の導入の役割を果たしていますし、意欲的に所持品の整理や排泄・手洗いを済ませて仲間に加わろうという行動につながっています。ちょっとした工夫と発想が必要です。

（5）子どもの姿を予測する

　計画通りに活動を進めるために指導案を作成するのではなく、多様な子どもの姿に臨機応変に対応するために作成します。子どもの姿を予測して、それに対応するための配慮事項をできるだけ多く挙げておき、準備をしておきましょう。

6月10日（木）　天気　晴れ			対象児	5歳児（クラス名　つき組） 男子（13名）　　女子（13名）　　計（26名）	
活　動	・折り紙を貼ったり針をつけたりして腕時計を作る。			・作った腕時計の発表会をする。	
子どもの姿 （実態）	最近では、ままごとの食べ物や戦いごっこの武器等、遊びに使う物を作ってごっこ遊びをする姿が頻繁に見られる。友達同士で遊びに必要な物を相談したり、作り方を教え合ったりすることも多い。また、時計を見て時間を確認し「まだ遊べるね」と見通しを持って生活する姿も見られるようになった。	活動のねらい	・互いの取り組みに興味をもったり、作り方を教え合ったりしながら、腕時計作りを楽しむ。 ・時の記念日について知り、時間の大切さに気づく。		
		経験する内容	・割りピン、丸シール等を活用し、試行錯誤しながら時計を作る。 ・友達に作り方を教えてもらったり、友達の作業を手伝ったりしながら活動を進める。 ・時間に関心をもち、自分で作った時計を使って遊ぶ		
設定の理由	子どもの実態として、空き箱、折り紙等、身近な物を使っての製作遊びへの関心が高まっている。そこで、ここでは、割りピン、丸シール等の材料を提示し、工夫して作ることの面白さに気づけるようにした。細かい作業も多いため、友達と教え合いながら活動を進めたいと考えた。 　時計や数字の理解はまだ個人差が大きいが、時計作りを通して、時間を守って行動することの大切さに目が向くことを期待している。	環境の構成	材料置き場　⑪ 〇〇〇〇 〇〇〇〇 〇〇〇〇 〇〇〇〇	・机5台を並べる ・材料を材料置き場に用意する ・子どもたちは、生活班ごとに座る	
準備物	・絵本『チキチキチキチキ いそいでいそいで』注、腕時計 ・トイレットペーパー芯、折り紙（小さい長方形に切っておく）、針用の紙、文字盤用の紙、割りピン、紙皿、丸シール、ペン、手ふきタオル、新聞紙、両面テープ ・各自のはさみ、糊				

時　間	環境の再構成	乳幼児の活動	実習生の動き・留意点
導入 （5分）	○集まる ・絵本『チキチキチキチキ いそいでいそいで』 ・腕時計	○保育室に集まり椅子に座る。 ・静かにする必要性に気づき、周りの友だちに注意する子もいる。 ○保育者の話を聞く。 ・絵本『チキチキチキチキ　いそいでいそいで』の読み聞かせ ○時の記念日について知る。 ・1300年以上前日本で初めて水時計で時が告げられたことを知る。 ・保育者がつけている腕時計を見て、作りたいという気持ちになる。	・机を並べ、製作の準備を進めることで、子どもたちが次の活動に期待をし、自分から椅子に座る雰囲気をつくる。 ・静かになるまで待ち、自分たちで気づき静かになれたことをほめる。 ・ストーリーに合わせて読むスピードを変え、時間の流れの変化を楽しめるようにする。 ・絵本をふり返り、「お弁当の時間が早く進んでしまったらどうする」「時計がなかったら困るね」等、自分たちにとって時間の大切さ、時計の必要性に気づけるようにする。 ・時の記念日については「時間を大切にしよう」との呼び掛けを理由に設定されたことを、わかりやすく簡単な言葉で説明する。 ・時計作りに期待がもてるよう、手首につけておいた腕時計を楽しい雰囲気で少しずつ見せる。
展開 （25分）	○腕時計を作る ・トイレットペーパー芯 （3等分し、切れ目を入れておく） ・折り紙（長方形に切ったもの） ・針の紙（針の形を描きピンを刺す穴を開ける） ・文字盤用の紙 ・割りピン ・材料入れの紙皿 ・丸シール（一人4枚） ・ペン ・手ふきタオル ・新聞紙 ・各自のはさみ、糊 ・両面テープ	○腕時計の作り方を知る。 ・トイレットペーパー芯を受け取り、腕につけてみる。 ・はさみをロッカーに取りに行く。 ・当番が糊と紙皿（折り紙、針用の画用紙、文字盤、割りピン）を取りに行く。 ・好きな色の折り紙をトイレットペーパー芯に糊で貼り、バンド部分を作る。 ・貼り終わったらタオルで手を拭く。 ・配られた丸シールを文字盤に貼る。 ・数（12、3、6、9）の書き方を知る。 ・丸シールに数を書く。 ・針にペンで色を塗り、形を切り取り、割りピンを刺して文字盤にとめ付ける。 ・文字盤やバンドに好きな絵を描く。 ○腕時計を完成させる。 ・両面テープを受け取り、バンドと文字盤を接着させる。 ・両面テープが剝がせない子もいる。 ○できあがった腕時計をはめてみる。	
まとめ （10分）	○発表する ・トイレットペーパー芯で作ったマイク ○片付ける	○作品を紹介する。 ・ポーズをとり、好きな時刻にセットした腕時計をみんなに見せる。 ・マイクに向かって、工夫したところ、気に入っているところを発表する。 ・保育者の話を聞く。 ・時計は時間を教えてくれる大切なものであることを確認する。 ○腕時計をカバンにしまう。	・話しやすい雰囲気を作るため、発表する子にはマイクを渡す。 ・それぞれの作品をじっくり見ることができるよう、発表は一人ずつ話したりポーズをとったりして行う。 ・数がきれいに書けたこと、糊やはさみを上手に使えたこと、針を丁寧に作れたこと、楽しく発表ができたこと等、具体的に誉める。 ・集中して聞けるように、全員と目を合わせて話を始める。 ・時の記念日について確認したり、本物の時計に注目させたりして、子どもたちの生活の中でも大切であることに気づけるようにする。 ・次のお弁当の時間に合わせ、針を12時にセットすることを提案する。
評価反省の観点	・文字盤作りや針の付け方等、細かい作業にもじっくりと取り組んだり友達と助け合ったりしながら、時計を完成させることができたか。 ・出来上がった時計を使って遊んだり、友達と時計を見せ合ったりして楽しんでいるか。		

◆指導案作成上の視点

＜活動設定の理由＞

　この「腕時計作り」では、製作遊びの実態、時間や時計についての関心等に焦点化して、最近の子どもたちの姿を述べています。クラスの実態を踏まえて、この活動を設定したことを伝えるとよいでしょう。

＜ねらい＞

　5歳児であれば、「友だちと協力し合って活動を進める」「試行錯誤しながら活動に取り組む」等の姿を期待し、ねらいとして設定しましょう。また、時の記念日のような行事に興味をもったり、時間や時計への関心を高めたりすることも、この時期に相応しいねらいとなります。

＜乳幼児の活動＞

　できるだけ具体的に書くことが大切ですが、ついつい、「騒ぐ子がいる」「描くのが遅い子がいる」等、気になる行動ばかりを書きたくなるものです。まず、クラスの総体としての様子をもれなく書いた上で、「両面テープがはがせない子もいる」等、特に配慮が必要な事柄について記しましょう。

＜実習生の動き・留意点＞

　ねらいを踏まえた記述を心がけましょう。この指導案では「友だち同士で教え合いながら、時計作りを楽しむ」ことをねらいの一つとしています。そのため、保育者は、両面テープをはがせずにいる子にも、むやみに手伝うのではなく、"周りの子に手伝ってあげるよう"言葉をかけようと考えています。

　また、子どもの取り組みに対する、共感的な態度や誉める言葉がけも忘れずに記載しましょう。

◆今後に向けての発展的な課題　～修正指導案の作成～

　指導案を立てて、実際に保育をしてみると、「思ったより糊付けに時間がかかってしまった」等、改善点や自分の課題が見えてくると思います。保育が終わったら、書いた指導案を修正しておきましょう（修正指導案の作成）。

　その際、「クレヨンではなくサインペンを使用すべきだった」等、指導案の改善項目を赤いペンで修正します。「両面テープを配る際に、全体の様子に目を向けるゆとりがもてなかった」等、自分の課題については、青いペンで書いておくと、次回の反省点が具体的に見えてきます。

　ただし、反省点、失敗したことを挙げることも大切ですが、「ポーズをとって発表したことで、子どもたちは楽しそうに自分の時計を紹介していた」等、よかった手だてについても記録に留めておきましょう。保育の楽しさを実感し、保育に対する自信も生まれてきます。

● 用語の解説 ●

【活動の導入として用いる絵本について】

　この指導案では、「身の周りの時間が早まってしまう」という意外性を子どもが楽しみ、時間の大切さや時計の必要性に気づけるようにと、導入で絵本を読んでいます。

　絵本を導入で使用する際にも、「なぜその絵本を選んだのか」という意図（保育のねらい）を明確にもちましょう。

　そのねらいのために、「この絵本の面白さはどこか」「この絵本を通して何を伝えたいのか」を明確にし、子どもたちがそこに気づけるような援助を具体的に指導案に記すことが大切です。

注）角野栄子／作　荒井郎治／絵『チキチキチキチキ　いそいでいそいで』あかね書房，1996

⑥部分実習指導案 【児童発達支援センター】

10月15日（水）　天気　晴れ		対象児・者	男（3名）　女（3名）　計（6名）　5歳児クラス	
活　動	・新聞紙で4色の輪を作る。		・作った4色の輪を使い、動物の模倣遊びを行う。	

利用児・者の姿 （実態）	友だち同士で遊び方を相談し、ルール展開していく場面やお互いに協力して一つのものを完成させる姿が見られるようになっている。友だち同士のやりとりが増えてきている中で、トラブルが起きた際に他児（者）に自分の気持ちを伝えることやその場面を理解して判断することにより、適切に解決していく力を身に付けることが課題である。 　また、就学に向けて他児のペースに合わせ、他児と協力する力も身につけることが必要とされている状態である。	活動のねらい	・課題の内容を理解し、難しい場面では自ら援助の要求を伝えられる。 ・最後まで課題に取り組むことで達成感を感じ、成功体験を積み重ねる。
		設定の理由	他児への興味関心が深まっている一方で、他児の気持ちや表情を感じ取り、考えながらやりとりを行うことや力の加減を調整していくことに課題がある。児の課題から製作場面で指示を理解しながら自分の力の加減、手指の使い方を練習する活動を進めたいと考えた。 　また、完成した製作物を運動課題で用いることにより他児の製作に意識する時間を作り、他児を受容することの楽しさ大切さを感じられることを目的とした。

準備物	新聞紙（1日分程度）、カラーテープ（黄、青、赤、緑）、セロハンテープ、はさみ、動物カード（ウサギ、ライオン、クマ、ヘビ、ゾウ、ネコ、フラミンゴ）、カラーテープと同じ色の画用紙各1枚ずつ

時間	環境構成	利用児・者の活動	実習生の動きと配慮点・留意点
導入 （10分）	☆グループ活動の椅子と机を準備する ▲ ○○ 机 ○○ 机 ○○ △　　△　△　　△ ○利用児 ▲リーダー保育者 △保育者	○保育者の言葉かけにより、自由遊びを片付け、椅子に座る。 ・次の活動への切り替え困難な児もいる。 ○児のペースで手遊び歌に参加する。保育者に注目する。 ○本日のプログラム表を見ながら確認して、活動内容を知る。	・児の当日の様子を見て、机と椅子の配置を設定して他児同士が相互関係を持つ環境に整える。 ・自由時間の終了を時計の数字と針の位置を示して伝える。時間を視覚で認識できるようにして、次の活動への切り替えを促す。切り替えが困難な児には、個々の児に合わせて言葉かけをおこない対応する。 ・児が注目していることを確認しながら手遊びを進め、みんなが揃うことを待つ。 ・本日のプログラム表を児に提示して1つ1つ確認をおこない、活動の見通しが持てるように伝える。
展開1 （20分）	☆新聞紙で4色の輪を作る <準備物> ・新聞紙 　（1日分程度） ・カラーテープ 　（黄、青、赤、緑） ・セロハンテープ ・はさみ	○新聞紙の4色の輪の作り方を知る。 ・製作で使用するものを1つずつ確認する。 ・新聞紙を受け取り、広げる。 ・筒状に丸めていく。 ・児に応じて、上手くできない箇所は保育者と一緒に作る。 ・保育者に「できた」ことを伝える。 ・筒の巻き終わり部分にセロハンテープを保育者に「貼ってほしい」と伝え、貼ってもらう。 ・筒を輪状に曲げる。 ○新聞紙の輪を4色完成させる。 ・新聞紙の輪の上からカラーテープで1周巻きつけ、テープをハサミで切る。 ・他児とハサミの貸し借りをする。 ・完成した児は、保育者へ「できた」ことを伝え、完成していない他児の手伝いをする。	・準備する物は実物を1つずつ提示する。4色の輪の完成形を一人ひとりが触り確認することでイメージしやすいようにする。 ・椅子に座っていることが落ち着かない児には新聞紙を配る手伝いをお願いするなど、全員が落ちついて活動に取り組める雰囲気をつくる。 ・新聞紙を丸める際に、他児との接触がないように隣の児との間隔を開ける。 ・筒状にした新聞紙の輪のつなぎ目にセロハンテープを貼る際、座った状態で保育者に「貼ってほしい」を児に合わせて言葉や行動で伝えられるように促す。 ・言葉や行動で伝えることができた際には、その都度できたことを褒める。 ・カラーテープを巻く工程は、個々の児の発達段階に応じて支援を行う。 ・「手伝って」や「やってほしい」等の援助の要求場面では、児が自ら保育者へ伝えられるように促す。 ・ハサミの数は、人数分より少なくして他児と貸し借りなどのやり取りができる場面をつくる。 ・完成した児は椅子に座った状態で他児が完成するまで何をしたらよいか聞くように促す。完成した児には、他児の輪作りの手伝いをお願いする。
展開2 （20分）	☆新聞の4色の輪を使った身体運動活動へ移行する 机を片付け、椅子を横に並び変える △　　△　△　　△ ○─○─○─○─○─○ ⇕ 　○　　○ ○　　　　　○ 　○○○○ ○　　　　○ △　▲　△ ◎新聞の輪24個 ─赤テープライン ↓移動 （座位から立位）	○床の赤テープに沿って椅子を並べて座る。 ・名前を呼ばれたら色の輪を床に置いていく。 ・他児が何色の輪を置いたか答える。 ○活動内容のルール説明を聞く。 ・保育者の指示を聞いて、床に置いてある輪を囲むように大きな輪を作る形で立つ。 ・保育者の指示を聞いて、色を探し物の模倣動作で行動する。 ・指示内容が分からない児や身体支援が必要な児がいる。 ・保育者に呼ばれたら前に出て、他児に指示を出す役を行う。	・3名ずつ児の名前を呼び、赤いテープラインに椅子を移動して、座るよう伝える。 ・輪を床に置く説明をおこない、見本を見せる。 ・児の名前をひとりずつ呼ぶ。 ・椅子に座っている児には他児の行動へ注目するように、他児が床に置いたの輪の色の確認を行う。 ・活動内容を指示と動作の見本を見せて説明する。 例）「ウサギになって黄色の輪に入ろう」→ウサギの模倣動作をして黄色の輪に移動する。また、「バナナの色は何色の輪かな」など、色の認識に繋げる指示を出す。 ・児の様子を見て、1名ずつまたは複数名ずつ名前を呼び、指示を伝える。 ・指示内容が分からない児や身体支援が必要な児は、保育者が一緒に移動する。 ・3回程度の指示を出したら、児を1名ずつ前に呼び、児が指示を出すように促す。

| まとめ
（10分） | 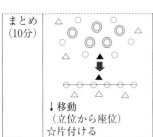
↓移動
（立位から座位）
☆片付ける | ○クールダウンする。
・椅子に座って、落ち着く。
・保育者が提示した動物カードや4色の色画用紙を見ながら "どんな動物になって、何色の輪の中に入ったか" を振り返り、質問に答える。
○新聞紙の輪を保育者に指示された色から箱に入れていく。
○グループ活動の終了を確認する。 | ・時計の数字と針の位置を示して伝え、椅子に座るよう促す。身体運動活動から切り替えられるよう落ち着く時間を作る。
・椅子に座り落ち着き始めた状態を確認して、動物カードや色画用紙を提示し、模倣した動物や輪の色を改めて確認する。
・振り返りをおこない落ち着いた状態になったら、片付けの説明を行う。
・様子を見て、複数人に片付けを促す。
・グループ活動の終了を伝える。 |
| 反省と評価の観点 | ・個々の児の発達段階に応じた活動の設定と支援を行うことができていたか。
・児が積極的に取り組み、達成感を感じるような内容で行うことができていたか。
・活動の内容が簡潔で児が取り組みやすいような展開への繋ぎができていたか。 | | |

◆指導案作成上の視点

　児童発達支援における指導案作成は、個々の子どもの発達に困難さを抱えている課題に合わせて遊びの中で、基本的生活習慣やソーシャルスキル、コミュニケーションスキルの獲得、言語力や運動能力の向上や維持等の目的を含む療育の内容で設定する必要があります。児童発達支援センターに通園している子どもたちの抱えている発達の課題は、それぞれの障害や疾患等によっても違います。対象となるクラスの個々の子どもの実態（認知・言語・運動面の能力等）、個別支援計画に立てられている課題を把握したうえで、指導案を立案することが必要となります。

　この "新聞紙4色の輪を作り、動物の模倣遊びをする" 活動の中に、言語面や運動面の発達の課題に対してのアプローチを目的として①手指全体を使って輪を作る（微細運動）、②自分で製作した輪を使用して身体運動を行う（粗大運動）、③活動内で他者と言語や行動によるコミュニケーションをとることをおこないます。また、認知面の課題に対して、①聞き取りによる色や物の理解、マッチング②動物の動きの模倣から想像力を養うなども含まれています。

　指導案を立案する際に、子どもたちの課題に即した活動を取り入れた遊びの内容を考えてみましょう。

◆指導案を実践する上での留意点

　児童発達支援センターに通園している子どもたちは、日々の生活の中で他児と同じようにおこなうことができないことがあります。そのような子どもたちにとって療育の遊びにおいては、楽しみながら "できた" ことの達成感（成功体験）が得られる経験や賞賛から自信につなげていくことが大切です。活動を実践する際に、同じ活動内容の中に遊びのパターンをいくつか用意をしておく等、個々に合わせた支援をおこなうことにより、すべての子どもたちが "できた" と感じることができる内容にしましょう。

◆用語の解説

【ソーシャルスキル】

　社会に適応するうえで、人との関係を上手に築くための必要な技能や能力

【微細運動】

　字や絵を書く、物を掴む、スプーンや箸を持つ、はさみを使う等、主に手指を使う運動

【粗大運動】

　姿勢の保持、寝返り、起き上がり、歩く、走る、ジャンプする等の全身を使う運動

2. 中長期の指導計画を理解しよう

　長期の指導計画と短期の指導計画は、理論的にはＰＤＣＡサイクルによって立案、実践、評価・反省、修正を繰り返していくものですが、実際には日常的に長期の指導計画を確認しながら日々の計画を立てている保育者は少ないでしょう。しかし、目の前の子どもの育ちを理解しようとするときに、長期的な視野の中で考えようとしているのか、その場だけで判断しているかによって日々の保育のあり方が違ってきます。

　入園当初の子どもたちの様子をイメージしてみましょう。家庭から初めて離れることが不安で泣く子どももいますが、次第に園生活に慣れ自分なりの見通しをもって園生活を送れるようになります。個人差はありますが、大抵の子どもは一学期の半ばころには安定して遊べるようになってきます。長期の指導計画の中で、このような見通しがもてていれば、目の前の子どもが不安で泣いていても狼狽えることなく日々の保育ができます。つまり、長期的な展望に基づいた指導計画があるからこそ短期の指導計画が立てられるのです。

　短期の指導計画には、「週案（週間指導計画）」「日案（日の指導計画）」「部分指導案（部分指導計画）」があります。実習では責任実習に必要な部分（実習）指導案や日案を書く経験をすることになります。

　「週案」は１週間の生活のプランのことで、期案や月案を具体化したねらいや内容と、その実現のための環境構成をどのようにするかということを書き込みます。具体的には、週末に子どもの生活や遊びを振り返って子どもたちがどのように遊びを展開していて、翌週にはどのようにそれが持続するのかしないのかを予測するものです。前週の遊びや生活の中でどのようなことを経験していたのか、さらに必要な経験は何かをとらえて、次週のねらいを立てます。基本的には週案は、前週の遊びから次週の遊びへと遊びの連続性を大切にして、子どもの実態や興味関心の方向の延長線上に立てられるものですが、それだけでは子どもたちの経験の幅を広げることができません。季節の変化や子どもの発達など、長期の指導計画との関連で、意図的に経験させたいことも環境として盛り込むことが必要になります。実習で週案を書くことはありませんが、担任が作成している週案の流れに沿って日案を作成するという意識を持ちましょう。

　「日案」は、前日の子どもの姿から翌日の子どもの生活や遊びを予測し、次の日の１日の生活プランを立てるもので、目の前の子どもに即した極めて具体的・個別的な指導計画です。子どもの生活や遊びは偶発的な出来事によって変化します。例えば天気が悪くて昨日の遊びができなかったり、一緒に遊んでいた友達が休んでしまったり遊びから抜けてしまったりすることも少なくありません。日案は、前日の生活や遊びを基にして翌日の生活や遊びを予測するものですが、翌日の状況や子どもの様子によって、柔軟にねらいを修正したり、環境を再構成したりするべき性質のものです。日案には、１日の時系列を中心に記述するタイプと、子どもの遊びの展開を中心に記述するタイプがあります。実習生が書くのは前者のタイプがほとんどで、１日の流れをイメージすることができるように書きます。遊び中心の保育を展開する園では、後者と前者のタイプを組み合わせて立てているこ

とが多いようです。また、週案の計画の中に1週間の流れを書き加えた週日案の形式を使っている園もあります。

　次頁の週日案と日案は、幼稚園2年保育4歳児の9月第4週のものです。週日案は前週の「幼児の実態」（興味や関心・経験していること・育ってきていること・つまずいていること・生活の特徴）から保育者の願い（前週の実態から、経験してほしいこと・身につけることが必要なことなど）を導き出し、その願いから「今週のねらい」を考えて記入しています。さらに、10月に計画されている運動会に備え、無理なく経験を積めるようなねらいも加えています。その上で環境の構成や指導上の留意点を考え1週間の幼児の生活の流れを予想します。日案は、週日案の流れの中で、9月18日の幼児の遊びの様子から19日の遊びの方向を予測し、保育者の援助（環境の構成と働きかけ）を遊びごとに書き込んであります。左側に1日の生活の流れを書き、右側に好きな遊び場面での幼児の動きを予測して遊びの展開と保育者の援助及び指導上の留意点を書きます。1日の流れを見通し、把握しづらい遊び場面の評価・反省がしやすくなるのです。実習でこのようなタイプの日案を作成することは求められませんが、たとえ実習生であっても1日の評価・反省をする際には有効な日案の形式です。書面にしなくても、意識するようにしましょう。

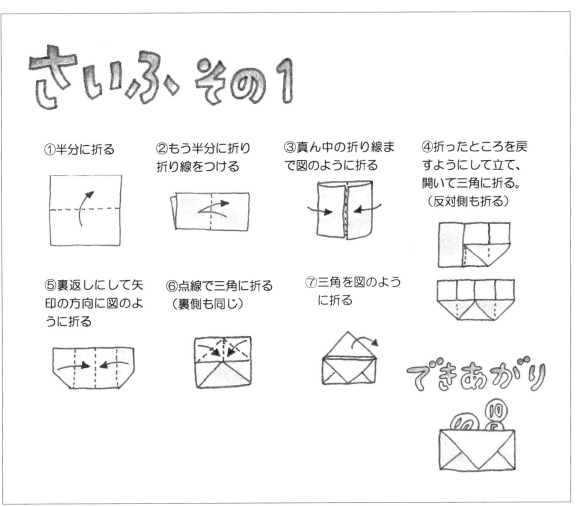

楽しむ教材2　折り紙ーさいふ　その1

⑦週日案　［幼稚園実習・2年保育　4歳児］

9月16日～9月20日	リす組	園長印	担任印	H市立A幼稚園

前週の幼児の実態	行事	ねらい	指導上の留意点
・2学期に入ってから、友達に関心をもつ幼児が増え、くっついたり一緒に遊んだりすることを楽しむ姿が多く見られる。その中で、友達に自分の思いが伝わらなくて葛藤したり、友達や友達と一緒に遊ぶことを楽しむ。 ・晴れの日には、進んで若しくは教師に誘われて戸外に出て遊ぶ幼児が多い。「暑いから」「部屋の遊びが楽しいから」との理由で、外に出ようとしない幼児もいる。 ・一斉活動で行うかけっこや競技の練習には、どの幼児も喜んで参加している。リズムにおいては、できないから踊らない子や踊らない子が多い男児の中に数名いるが、教師に認められようと自分で手を動かして参加してきている子もいる。		○教師や友達に自分の思いを出して遊ぶことを楽しむ。 ○教師や友達と一緒に、体を動かして遊ぶことを楽しむ。 ○学年や学級全体で取り組む運動会に向けた活動に喜んで参加する。	＜好きな遊び＞ ・好きな遊びの時間に、巧技台や鉄棒、かけっこ等が好きな遊びをつくり、好きな遊びを見つけて遊ぶことができるような場をつくり、好きな遊びを見つけて遊ぶことができるようにする。 ・教師も一緒に遊びながら、積極的に戸外へ誘い、走ったりして体を動かすことを通して開放感が味わえるようにする。具体的にどのように遊んだらいいのかを伝えたりして、楽しい、もっとやってみたいという気持ちにつなげていく。 ・午後は疲れが出てくる幼児が多いため、なるべく活動量の多い活動は午前中に入れ、午後はゆったりと過ごせるようにする。また、巧技台や鉄棒、平均台等の遊具を出す時には、時間を決めて教師が必ず付いて、安全に配慮する。 ・遊びの中で、友達と自分の思っていることを言葉や動きで表せるように、用具や材料を用意しておく。友達とのかかわりの間で思いのぶつけあいがあるが、自分の思いが伝わらなくて葛藤していたりする場合には、まずその幼児の思いを受け止め、他児にも気付けるような言葉をかけていく。 ＜クラスで楽しむ活動＞ ・おうちごっこや製作など、イメージをもってつくったりすることを楽しめるよう、用具や材料を用意しておく。イメージをもってつくったりするときには、子どもの様子に合わせて必要なものや材料を提示してみる。 ・運動会の全体の練習に参加することで、運動会に向けた大切さを感じ取れるように工夫する。毎日の生活の中で感じ取れるように繰り返し指導していく。 ・教師の指示や合図したら良いのか理解して動けるように、運動会に向けてイメージがもてるようにしていく。競技、かけっこ、リズムでは、イメージをもって動けるように、視覚教材を用いたり、イメージが湧きやすい言葉かけを行ったりする。 ・国旗描きは、日本とともに外国を知ったり興味をもてるように、一人一人の話を聞き込めていく。一人一人の話を聞く。必ず外国についていて遊べるようにしていく。また、安全な行動を取れるよう動きをかけていく。 ＜生活面＞ ・園庭の動きや巧技台、玉入れなどの注意することは、教師同士も声を掛け合いながら、動線に配慮して環境構成し、安全な行動のしかたについて場に応じて繰り返し伝え、自分で気を付けて動けるよう動きをかけていく。

環境構成図

【室内】

中型積木　｜　絵本

まごと　｜　製作（園庭側）

再現あそび

【テラス】

【園庭】（園舎側）

リレー遊び（巧技台＋）　｜　砂場

かけっこ遊び

固定遊具

予想される活動

＜好きな遊び＞
－室内遊び－
・まごと・粘土・製作・中型積み木
－再現遊び－
・こままわし・けん玉・紙トンボ
－外遊び－
・砂場遊び・かけっこ・固定遊具
・運動会に向けて
・巧技台・飛び石（フーブ）
・鉄棒・平均台

＜クラスで楽しむ活動＞
・運動会に向けての活動
・部分練習
・かけっこ、ならびっこ、玉入れ
・マット運動
・リズム「わらうんだWA」
・歌を歌う
「運動会の歌」「とんぼのめがね」
・国旗を描く
・夏休みの話をする、聞く

＜生活面＞
・運動遊びを横切らない、巧技台、玉入れ遊びなどの使い方についての安全指導をする。

具体的な姿

・体を動かすことを通して、開放感を味わう。
・自分の思いを出して遊ぶことを楽しむ。
・運動会に向けた活動に喜んで参加する。
・安全な遊び方を理解する。

一日の流れ

16日（月）	17日（火）	18日（水）弁当あり	19日（木）	20日（金）
敬老の日	敬老参観の振替休業日	9:00　登園する 　　　所持品の始末 9:30　個人競技 10:00　好きな遊び 11:30　お弁当を食べる 12:45　リズム 　　　[わらうんだWA] 13:15　帰りの集まり 　　　誕生会の話 　　　歌を歌う 14:00　降園する	9:00　登園する 　　　所持品の始末 9:30　個人競技 10:00　好きな遊び 11:30　お弁当を食べる 13:00　国旗を描く① 13:30　帰りの集まり 　　　歌を歌う 14:00　降園する	9:00　登園する 　　　所持品の始末 9:30　好きな遊び 10:30　玉入れ 　　　リズム 11:15　お弁当を食べる 12:45　好きな遊び 13:15　国旗を描く② 13:30　絵本を借りる 　　　絵本を読む 　　　歌を歌う 14:00　降園する

⑧日案　[幼稚園実習・2年保育4歳児]

2年保育 4歳児　りす組　指導案

年9月19日（木）

在籍　男児13名　女児11名　計24名

担任

▨ : 昨日の遊びの様子　　□ : 今日の援助

本日のねらい	○学級で集まる活動に喜んで参加する。	○友だちと関わって遊ぶことを楽しむ。
評価	○教師が話している時、目や体が教師の方を向いていたか。 ○個人競技に積極的に取り組んでいたか。	○友だちと言葉を交わしながら遊んでいたか。 ○友だちに思いを伝えようとしていたか。

時間	幼児の生活の流れ	環境構成と教師の援助
9：00	○登園する ・所持品の始末をする	
9：30	○個人競技 ・両足とび：揃えて飛ぶ ・巧技台：両足で着地する	
10：00	○好きな遊び ＜保育室＞ ・再現遊び　・積木遊び ・製作 （はさみ、のり、クレパス） 〜折り紙、クレパス画 ＜園庭＞ ・砂場　　・固定遊具 ・かけっこ ・個人競技	
11：30	○片付ける ○お弁当を食べる	
	○好きな遊び	
13：00	○万国旗を描く	
13：30	○帰りの集まり ・絵本を読む ・歌を歌う 「とんぼのめがね」 ・明日の予定の話	
14：00	○帰りの支度 ○降園する	

【製作】
廃材を組み立ててカメラや望遠鏡に見立てたり、できたものを身につけて遊んでいる。

【中型積木】
車両や、電車等の乗り物の形に組み立てて運転手のまねをして運転をして遊んだり、友達と一緒に乗ることを楽しんでいる。

【個人競技】
巧技台・鉄棒・平均台・飛び石・ゴム組は、山に登る、川を渡るなど、イメージをもって渡ることを楽しんでいることを認めると共に、もっとやろうという気持ちになったりしながら何回も繰り返して遊ぶ気持ちがある。その一方で、挑戦しようとしない幼児がいる。

【固定遊具】
雲梯や登り棒では、繰り返し行って認めることで満足する。保育者が見ていることで満足する幼児もいれば、いろいろな動きを試している幼児もいる。ジャングルジムを家に見立てて役を決めて遊ぶ姿もある。

用具（はさみ、のり、クレパス、のり）の扱い方を知らせていく。特に、はさみを置きっぱなしにして遊びに移ろうとしている幼児には、なぜ危ないのかが意味を知らせた上で指導する。作ったものを認めさせたり、一緒にどのように作ったらいいのか考えてアイデアを出したりして、作る楽しさやおもしろさが味わえるようにする。

電車の音楽とイメージに沿ったりして、「どこに行きますか？」等、お客さんとして言葉をかけたり、お客さんとして一緒に乗ることで一層楽しめるようにする。

＜保育室＞

中型積木 → 製作 〜廃材・折り紙、クレパス画

再現遊び

＜園庭＞

個人競技 / 砂場

かけっこ / 固定遊具

【再現遊び】
敬老参観で祖父母の方と一緒に遊んだ時のことを思い出しながら遊ぶ。ままわしでは、友達と一緒に回すこと、ままわしの様子を見ることを楽しんでいる。ままわしでは、同じことをしている友達の存在に気付けるよう声をかけそうに、紙トンボは他の遊びの動線に重ならないように、テラス等の広い空間を利用して、紙トンボが飛ぶ様子を一緒に展開して共感する。

【砂場】
教師や友達と山を作ること、食べ物に見立てて作ること、作ったものを使って教師や友達とのかかわることを楽しんでいる姿がある。

イメージに沿った言葉が出たり、一緒に作ったりする。作ったものを認めたり、共感したりしていく。

【かけっこ】
友達と一緒に走ることを楽しんでいる子、競走することを楽しんでいる子、走る開放感を味わっている子等、楽しみ方はさまざまである。1度走った子は「もう1回」と何度も繰り返す姿がある。

かけっこを始める前に、他の遊び設定し、他の職員と連携しての遊びに気を付ける場（コース）を設定するよう声をかける。他の職員に安全面に配慮する。みんなで走ることが味わえるように、保育者と一緒に走ったり、「楽しいね」と言葉にして伝えたりする。

登り棒や鉄棒を必ずやってみようとする気持ちを認める。ジャングルジムでは、滑り台を電車に見立てて出かけるように、イメージの中で他の固定遊具にも広げていけるようにする。ただし、危険な遊びになっているようなイメージについては様子を見守り、その場をとらえて声をかけるようにする。

第5章

実習生の振り返りを新たな学びにつなげる

　今回の実習では、どのような経験をされましたか？達成感や充実感を得られたでしょうか？あるいは、挫折感や葛藤を抱えたまま実習を終えたかもしれません。どのような経験だったにせよ、それは、実習を全うしたあなたにしかできない経験であり、とても貴重なものです。本章では、それらの経験を無駄にせず、今後、あなたが保育者として成長するための糧となるような実習の振り返り方法を中心に、実習後に行うことについて説明していきます。

第1節　実習日誌のまとめ・提出・実習の振り返り

1．実習日誌のまとめと提出

　実習終了後は、最終日の実習記録に加え、実習の記憶が鮮明なうちに、実習日誌の全てのページを完成させましょう。実習前に記述した実習園・実習施設の概要などのページについても誤りがないか再度確認します。なお、実習全体を振り返るページを書く時の注意点については、後述の「実習を振り返るとは」を参考にして下さい。また、実習前オリエンテーションから実習終了までに実習園・実習施設から頂いた資料（園や施設の案内パンフレット、教育課程や全体的な計画、各期の指導計画など）、実習で行った部分実習や責任実習の指導案、子どもからもらった作品や手紙といったものも、実習を振り返る際の資料になりますので、実習日誌に綴じ込みます。そして、全ページを書き上げ、資料などの整理が終わった実習日誌を実習園・実習施設に提出します。実習日誌提出までの期間や提出方法は、実習園・実習施設や養成校の指導に従って下さい。

　また、実習園や実習施設から実習日誌を返却して頂く方法は、決められた日に取りに伺う方法と郵送して頂く方法があります。郵送をお願いする場合は、実習日誌提出時に、郵送先の住所・氏名を記入し、必要な郵送料金が貼られた封筒などを持参しましょう。

2．実習を振り返るとは

　「保育の質の向上」やそのための「計画→実践→評価→改善（PDCA サイクル）」という言葉を聞いたことがあるでしょう。このサイクルを繰り返す中で、らせん階段を登るよ

うに、自己理解を深め、保育に必要な力量を高めていくという点で、このサイクルは実習を振り返る時にも有効です。

　実習では、日々の保育後、実習中盤、部分実習や責任実習後、実習最終日、養成校に戻っての事後指導など、あらゆる節目を捉えて振り返りを行ないます。振り返りの方法は、実習園・実習施設では実習担当者（園長・施設長や主任などを加えた複数の教職員）と実習生との直接的な対話や実習日誌のやり取りを通して、養成校では実習生による自己評価、実習経験を共有するためのグループワークや実習報告会を通してなどさまざまです。しかし、いずれの振り返りも、それを行う理由は、「ねらいを持って（計画）」「行った保育（実践）」を「振り返り（評価）」、「次のねらいに繋げる（改善）」サイクルを繰り返すことが、最終的に、自己課題を持って臨んだ実習全体を通しての学びを意識化することになり、次の実習（あるいは、就職後）の自己課題を明確にすることに繋がるからです。

　それでは、実習を振り返る時に注意すべきことは何でしょうか。それは、「できた」、「できなかった」という結果のみから実習を振り返らないことです。

　例えば、「指導案通りに部分実習を行なえた」ことのみが重要なのでしょうか。将来にわたり力量を高め続ける保育者になるために必要なのは、自分の計画通りに子どもを動かせたことではなく、ある活動の過程で、一人ひとりの子どもが何を楽しいと感じていたのかといった子どもの内面に気づけたかどうか、あるいは、保育者の環境構成や子どもとの関わりの意図に気づけたかどうかといったことではないでしょうか。

　したがって、実習の振り返りでは、今回の実習の目標や自己課題に照らしつつ、気づけたことや学びとれたことを明確化すると同時に、気づけなかったことが何だったのかを、実習担当者との対話や実習日誌のやり取り、養成校での事後指導などを通して意識化するよう努めることが大切です。それにより、自ずと自己理解も深まっていきます。

表1　実習を振り返る時の視点の例

・実習を通して一番印象に残ったこと
・子どもたちの姿で一番感動したこと
・実習担当者などから実習中に受けた印象的なアドバイス
・実習を通して一番うれしかったこと・辛かったこと
・実習の前と後で、自分自身が変化したこと
・実習の目標や自己課題で達成できたこと・できなかったこと

3. 実習生による自己評価

　実習に関する評価には、実習園・実習施設による評価、実習生による自己評価、養成校の実習担当者による評価の3種類があります。ここでは、実習園・実習施設による評価、実習生による自己評価について触れておきましょう。

　実習園・実習施設による評価は、「評定」とは異なり、各養成校が作成する評価票に基づいて、保育者になることを目指して学んでいる実習生の、実習時点での保育に関する知識、技術、判断力、保育に関わる態度などを評価したものです。そのため、仮に評価項目が同じであっても、実習を重ねるごとに評価の基準は厳しくなるといえます。

次に、実習生による自己評価です。実習の目標や自己課題をどの程度達成できたかに関する自己評価に加えて、各養成校が作成する評価票の項目と共通する観点から自己評価を行なう養成校も多いようです。評価票と共通する観点から自己評価する利点は、各実習で求められる保育に関する知識、技術、判断力などに対する自分の現状を把握しやすいことですので、客観的に自己評価することが必要です。自己評価が、実習の振り返りの一種でありPDCAサイクルに位置づくこと、実習の振り返りの注意点と同様に、結果ではなく、結果に至る過程や理由を丁寧に検討することが重要となります。

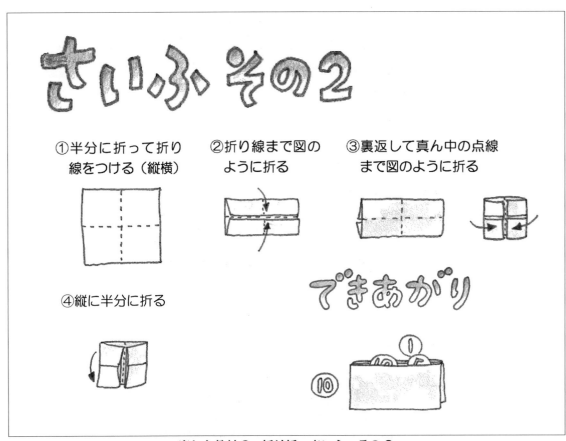

楽しむ教材3　折り紙―さいふ　その2

第2節　お礼状の書き方

　実習が終わるとホッとする間もなく、実習日誌の提出や養成校での実習の振り返りなど、すべきことが沢山あって、ついつい後回しになるのが、実習園へのお礼です。しかし、実習期間中にお世話になった先生方に感謝の気持ちを伝えることも実習の一環です。

　感謝の気持ちを伝える方法は様々ありますが、お世話になった方々には、実習終了後1週間を目安に、必ずお礼状（手書き）を書きましょう。

1.　書き方のポイント

（1）早めに・・・

　実習園では多くの実習生を受け入れています。実習中の印象が薄れないうちに送りましょう。お礼状は1週間以内に送るのが理想ですが、遅くても10日以内には届くようにしましょう。

（2）封書で・・・

　短い手紙でも封書で出しましょう。白無地の便箋に縦書きで、黒またはブルーブラックのボールペンか万年筆を使用します（消えるボールペンは不可）。1枚で書き終わった場合はもう1枚便箋を重ね、封筒（白地）に同封します。

（3）謙虚に・・・

　感謝の気持ちを表すのはもちろんですが、具体的には文章全体を敬体（です、ます調）にし、敬語表現を用います（動作の主体が誰かによって敬語と謙遜語を使い分ける）。絵文字や記号などは使用しないこと。

（4）具体的に・・・

　手紙の内容は、一般的には「前文」「主文」「末文」「後付け」の順で書き、それぞれの書き始めは改行して1字下げます。「主文」は、お礼の気持ちが伝わるように、実習中のエピソードなども具体的に交えながら、どのように感じ何を学んだかなどを書いたり、印象に残った言葉などを書いたりしましょう。子どもたちのつぶやきや保育者の言葉掛けなど、その場面の情景をエピソードとして書きましょう。その際、園の保育方針や保育者の姿勢などに対しての批判ととられるような表現は避けましょう。（例文を参照）

（5）丁寧に、正確に・・・

　文章は簡潔に、ひらがなと漢字のバランスを考え、楷書で丁寧に書き、書き終わったら必ず推敲して誤字・脱字も確認しましょう。宛名は所属長にしましょう。また、自分の住所・氏名・所属を忘れずに差出人欄に書きましょう。

2. お礼状の一例

拝啓
梅雨明けも間近となり、吹く風にもいよいよ夏めいた気配を感じる頃となりました。先生方にはお変わりなくお過ごしのことと存じます。

さて、このたびは、四週間の実習で大変お世話になり、誠にありがとうございました。おかげさまで、無事に実習を終え、ほっとした半面、○○での生活から離れてしまった寂しさを感じております。実習前には、日誌や指導案の書き方を学び、子どもたちと遊ぶための活動のレパートリーを増やすなどの準備をしましたが、実習初日から、緊張のあまり、想像していたような子どもとの関わりができずに悩む日が続きました。しかし、先生方から「失敗してもいいの。何かしようと思わずに、まずは子どもの中に入って楽しく遊んでみてね。」とのご助言をいただき、気持ちが楽になりました。それからは、子どもたちが声をかけてくれたり遊びに誘ってくれたりした時に緊張することがなくなりました。

そして、いつの間にか笑顔で子どもたちと関われるようになり、事前に準備していた遊びを子どもたちと一緒に楽しむこともできました。また責任実習では、予想していた子どもたちの反応がなく立ちすくんでしまいましたが、○○先生に助けていただき子どもたちの発想を受け入れて自分の計画を修正することの大切さを学びました。
今回の実習を経験し、私はますます保育者になりたいという思いが強くなりました。○○園での貴重な経験を、これからの学びに活かしていきたいと思います。
今後ともご指導のほどよろしくお願いいたします。まずは心よりお礼申し上げます。

敬具

○年○月○日
　　　　　　　○○大学○年　○○○○
○○○○園長先生
教職員のみなさま

---

① 前文　＜頭語＞手紙の最初のあいさつ。第1行目の頭から書く（1字下げない）。一般的には「拝啓」とし、結語の「敬具」と併せて1組となる。これは、「こんにちは」「さようなら」の挨拶と同じように、最も一般的な手紙文での始めと終わりの挨拶。
　　　　＜時候のあいさつ＞改行して書く。手紙を出す月やその時点の気候によって異なる。例文を参考にしてもよいが季節感を自分の言葉で書いてもよい。

② 主文　「さて」「ところで」などで書き始めるとよい。まず実習全体についての一般的なお礼を述べ、次に実習中の具体的な学びに対するお礼の言葉を書く。

③ 末文　実習を終えての感想や決意を述べ、改行して今後のご指導をお願いする言葉を書く。
　　　　＜結語＞改行して行末から1字上げて終わるように書く。末文が、行の上の方で終わるなら、同じ行の下に書いてもよいが、その場合は、やや小さめの字にする。

④ 後付け　＜日付＞行頭より2～3字下げて書く。
　　　　　＜差出人＞日付の下か次の行に、行末から1字上げて終わるように書く。

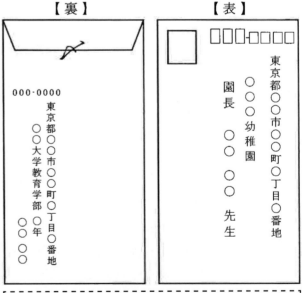

【裏】　　　　　　　　　　　【表】

000-0000
東京都○○市○○町○丁目○番地
○○大学教育学部
○年　○○○○

□□□-□□□□
東京都○○市○○町○丁目○番地
○○○幼稚園
園長　○○　○○　先生

＜表＞宛先は右端から書き始め、1行で収めるのが原則。2行にわたる場合は、区切りのよいところから、1行目より1字下げて書く。宛名は中央に大きく書く。
＜裏＞糊で封をして綴じ目に封字（〆）を書く。左端に差出人の住所氏名・所属を書く。（表書きよりも大きな文字にならないようにする）

（くちばしがパクパク動く）

①三角に半分に折る

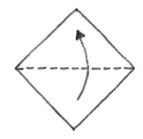

②もう半分に折って
折り線をつける

③折り線まで図の
ように折る

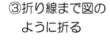

④図のように点線で
矢印の方向に折る

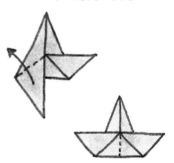

⑤重なっている部分
（下）を上に出す

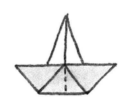

⑥裏返しにして、図のよ
うに1枚だけ下に折る

⑦図のように矢印の方向
に折り、折り線をつける
（反対側も同様）

⑧縦半分に後ろに折り、
カラスのくちばしを⑦で
できた点線に添って折る

⑨完成図
（横から見たところ）

できあがり

羽根を持って開
いたり閉じたり
するとくちばし
がパクパク動く

楽しむ教材4　折り紙―カラス

〈パネルや大型紙芝居を置く台を手作りしよう〉

材料：どれも百円ショップで購入可！です。

① ワイヤーネット→2つ（1つは起きたいものの大きさに合わせたもの。もう1つは少し小さめの物。例えば、約62cm×33cmと約33cm×33cmの等）

② ワイヤーネット用ジョイント

③ チェーン1本

④ カラビナ2こ

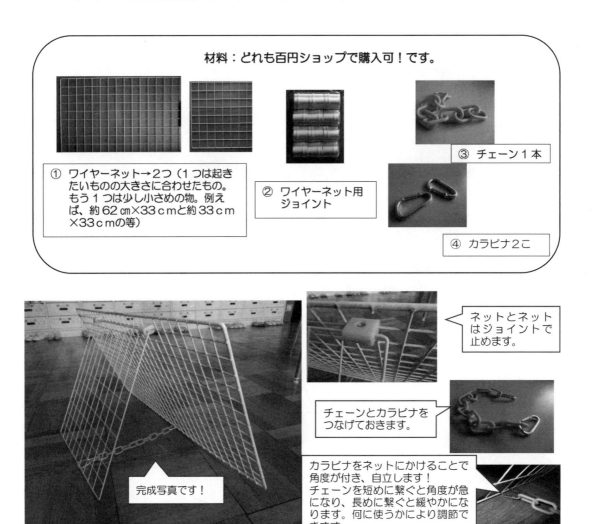

完成写真です！

ネットとネットはジョイントで止めます。

チェーンとカラビナをつなげておきます。

カラビナをネットにかけることで角度が付き、自立します！チェーンを短めに繋ぐと角度が急になり、長めに繋ぐと緩やかになります。何に使うかにより調節できます。

【使用例①お店屋さんごっこに！】

S字フックを使い、お店屋さんごっこの商品の陳列用に使うと、ネックレスやメダルがかけられます！

【使用例②パネルシアターや大型紙芝居、大型絵本の台として！】

かごをとりつけると、滑り止めになり、パネルや紙芝居、絵本がおけます！

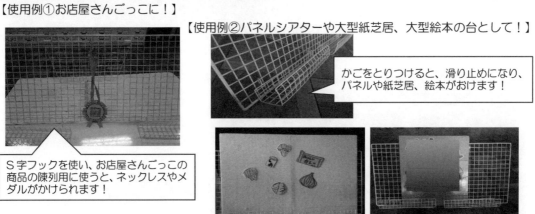

楽しむ教材5　パネルや大型紙芝居を置く台を手作りしよう

<準備> 発砲球、毛糸、軍手、目になるもの
　　　　（画用紙・布）など、
<作り方>
①発泡球に靴下のかかと部分を被せるようにし
　て覆う。
②毛糸で髪の毛を作りボンドで付ける。
③画用紙や布で目玉を作って付ける。動く目玉
　を買ってきてつけても面白い。
<遊び方>
・自分と人形とで掛け合いをしたり、表情の異
　なる指人形でボケとツッコミの掛け合いで、
　ショートシアターを演じます。

楽しむ教材6　指人形で遊ぼう

<準備>　カード　＊幼児の様子に応じて、絵
柄や枚数を調整して準備しましょう。
（例：リンゴ4枚　ブドウ4枚　メロン4枚
バナナ4枚　ミカン4枚　モモ4枚　クリ4枚
と予備）
☆腕時計型にして、身に付けられるようにする
といいでしょう。
<遊び方>
①一人に一枚（一つ）ずつカードを渡す。（カ
　ードを伏せる、少し離れたところに置くなど
　して、スタートまでは、カードは見ないよう
　にする。）

②保育者の「スタート」の合図で、カードを見て、同じマークの子どもを探し出し、集まる。
③集まるための制限時間を設ける。
・フルーツセット（リンゴ、ブドウ、メロン、バナナ、ミカン、モモ、クリ）で集まる。
・握手をしてからカードを見せ合う。
・間違い探しのように、よく見ないと、同じかどうか分からない絵柄にする。
などのアレンジすると、ゲームの難易度を変えることができます。

楽しむ教材7　手作りカードで遊ぼう

引用・参考文献一覧

■序章

安野光雅（2018）『かんがえる子ども』福音館書店 ,p.3

ドナルド・ショーン（2001）『専門家の知恵─反省的実践家は行為しながら考える』ゆみる出版

Richimond.,Mary,Ellen.,1922,WHAT IS SOCAIL CASE WORK? AN INTRODUCTORY
　　DESCRIPTION,NEW YORK RUSSEL SAGE FOUNDATION（＝2007，杉本一義訳『人間の発
　　見と形成』出版刊ブック・クラブ）

■第 1 章

新たな社会的養育の在り方に関する検討会「新しい社会的養育ビジョン」（平成29年 8 月 2 日）

現代教師養成研究会（2020）『教師をめざす人の介護等体験ハンドブック 第 5 訂』大修館書店

羽田野真帆・照山絢子・松波めぐみ編著（2018）『障害のある先生たち─「障害」と「教員」が交錯
　　する場所で』生活書院

原田朱美「連載『理想の貧困』」https://withnews.jp/articles/series/12/1, 2019年11月 1 日

一般社団法人全国保育士養成協議会編集（2008）「第 1 部実習指導の理念とミニマムスタンダード策
　　定の意義」『保育実習指導のミニマムスタンダード Ver.2』p.2（2018年 7 月 1 日）

厚生労働省雇用均等・児童家庭局「指定保育士養成施設の指定及び運営の基準について」（雇児発
　　0331第29号）平成27年 3 月31日
https://www.mhlw.go.jp/file/06-Seisakujouhou-11900000Koyoukintoujidoukateikyoku/0000108972.
　　pdf（2020年 1 月 7 日）

一般社団法人全国保育士養成協議会編集（2008）「2　保育実習Ⅰ（保育所）と保育実習Ⅱの考え
　　方」『保育実習指導のミニマムスタンダード Ver.2』p.96（2018年 7 月 1 日）

岩間伸之（1995）「ソーシャルワークにおけるシュワルツ理論の研究（ 2 ）」『大阪市立大学生活科学
　　部紀要』46巻，119-127教育職員養成審議会「新たな時代に向けた教員養成の改善方法について」
　　（平成 9 年 7 月）

厚生労働省雇用均等・児童家庭局長「指定保育士養成施設の指定及び運営の基準について　別紙 2
　　保育実習実施基準」（平成30年 4 月27日）

東京都教育委員会「東京都教員人材育成基本方針」（平成27年2月改正版）

東京都社会福祉協議会編（2008）『高齢者や障害者などへのサポートマニュアル』東京都社会福祉協議会

社会福祉施設における介護等体験を受け入れのポイント編集委員会（2009）『社会福祉施設における介護等体験を受け入れのポイント―より豊かな介護等体験をめざして』社会福祉法人東京都社会福祉協議会

全国特別支援学校学校長会・全国特別支援教育推進連名著（2020）『特別支援学校における介護等体験ガイドブック 新フィリア』ジアース教育新社

「小学校及び中学校の教諭の普通免許状授与に係る教育職員免許法の特例等に関する法律」（平成9年法律19号）

「小学校及び中学校の教諭の普通免許状授与に係る教育職員免許法の特例等に関する法律施行規則」（平成9年文部省令第40号）

「第140回国会 参議院文教委員会 第16号」（平成9年6月5日）

「第140回国会 参議院文教委員会 第17号」（平成9年6月10日）

■第2章
橋本真紀（2014）「保育園（所）・幼稚園における他機関、地域資源との連携―予防的支援の観点から」京都市子育て支援総合センターこどもみらい館：第6回共同機構研修会（平成26年11月21日）

「奈良市立××保育園の職員がＵＳＢ紛失／奈良」（×は、著者伏字）
http://www.naratv.co.jp/news/20180601/20180601-04.html

厚生労働省（2018）「保育所における感染症対策ガイドライン」2018年改訂版

厚生労働省（感染症情報）
https://www.mhlw.go.jp/stf/seisakunitsuite/bunya/kenkou_iryou/kenkou/kekkaku-kansenshou/index.html

国立感染症研究所
https://www.niid.go.jp/niid/ja/

国立感染症研究所（疾患名で探す感染症の情報）

https://www.niid.go.jp/niid/ja/diseases.html

一般社団法人日本感染症学会
http://www.kansensho.or.jp/

■第3章

関仁志編著（2016）『幼稚園・保育所・施設実習完全対応　実習日誌の書き方』第5刷 一藝社

百瀬ユカリ編著（2013）『よくわかる保育所実習』第5版 創成社

谷田貝公昭編集代表　（2016）『新版保育用語辞典』　一藝社

森上史朗・柏女霊峰編（2010）『保育用語辞典第6版』ミネルヴァ書房

心理科学研究会編者　（2000）『育ちあう乳幼児心理学』有斐閣コンパクト

村山貞雄編（1989）『日本の幼児の成長・発達に関する総合調査』サンマーク出版　p.135

岩崎洋子編著（2018）『保育と幼児期の運動あそび』萌文書林　p.34

菱谷信子（2006）「デイリープログラム（日課)」保育小辞典編集委員会（編）『保育小辞典』大月書
　　店 p.224

諏訪きぬ（2006）「行動モデル」保育小辞典編集委員会（編）『保育小辞典』大月書店 p.95

長島和代著・編集（2013）『これだけは知っておきたいわかる・書ける・使える保育の基本用語』
　　わかば社

明和政子（2019）『ヒトの発達の謎を解く―胎児期から人類の未来まで―』筑摩書房 p.77

Bowlby,J.,1973 Attachment and loss. Vol.2. Separation: Anxienty and anger. New York :
　　BasicBooks

Meltzoff, A.N.& Moore, M.K.,1977 Imitation of facial and manual gesturers by human neonates,
　　Science, 198, pp.75-78.

齋藤政子（2016）第1章3「仲間の世界」の広がり 加藤繁美監修，齋藤政子編著『子どもとつくる
　　4歳児保育―揺れる心をドラマにかえて―』ひとなる書房　pp.21-22

米国精神医学会，高橋三郎・大野裕監訳（2014）『DSM-5精神疾患の診断・統計マニュアル』
　医学書院

森上史朗・柏女霊峰編（2015）『保育用語辞典第8版』ミネルヴァ書房

谷田貝公昭・原裕視編集代表（2011）『子ども心理辞典』一藝社

全国聴覚障害教職員協議会（2010）文部科学省中央教育審議会「特別支援教育の在り方に関する特
　別委員会」への意見書｜文部科学省2010年10月22日　http://www.mext.go.jp/b_menu/shingi/
　chukyo/chukyo3/044/attach/1298642.htm（2019年8月1日閲覧）

米国知的・発達障害協会用語・分類特別委員会編，太田俊己・金子健・原仁・湯汲英史・沼田千妤
　子訳（2012）『知的障害 定義、分類および支援体系 第11版』公益社団法人日本発達障害連盟

独立行政法人国立重度知的障害者総合施設のぞみの園編（2011）『あきらめない支援 行動問題をか
　かえる利用者に対する入所施設における実践』独立行政法人国立重度知的障害者総合施設のぞみ
　の園

英国行動障害支援協会編，清水直治監訳・ゲラ弘美編訳（2015）『行動障害の理解と適切行動支援
　英国における行動問題への対処アプローチ』ジアース教育新社

松田祥子監修・礒部美也子編著（2016）『マカトン法への招待 第2版』日本マカトン協会

志賀利一（2000）『発達障害児者の問題行動 その理解と対応マニュアル』エンパワメント研究所

志賀利一・渡邉一郎・青山均・江國泰介（2016）『見てわかる意思決定と意思決定支援』
　ジアース教育新社

Parten, M. B, 1932. Social partici pation among pre-school children. journal of Abnormal and social
　Psychology, 27：243-269

全国聴覚障害教職員協議会「文部科学省中央教育審議会『特別支援教育の在り方に関する特別委員
　会』への意見書」（平成22年10月22日）
https://www.mext.go.jp/b_menu/shingi/chukyo/chukyo3/044/attach/1298642.htm,
　2019年11月1日

「通常の学級に在籍する特別な教育的支援を必要とする児童生徒に関する全国実態調査」平成14年

「通常の学級に在籍する発達障害の可能性のある特別な教育的支援を必要とする児童生徒に関する調

査結果」平成24年　文部科学省初等中等教育局特別支援教育課

World Health Organization, 2015,『高齢化と健康に関するワールド・レポート』

■第4章
角野栄子（1996）『チキチキチキチキ　いそいでいそいで』あかね書房

■第5章
田中まさ子編（2015）『三訂幼稚園・保育所実習ハンドブック』みらい

全国保育士養成協議会編（2018）『保育実習指導のミニマムスタンダード Ver.2 「協働」する保育
士養成』中央法規出版

増田まゆみ・小櫃 智子（2018）『保育園・認定こども園のための保育実習指導ガイドブック』
中央法規出版

執筆者一覧（肩書きは、2020年4月現在）

■編著者

齋藤政子（明星大学教育学部専任教員）はじめに，第3章第1節トピック⑮

石田健太郎（明星大学教育学部専任教員）序章，第1章第2節，第3章第1節トピック㉑㉒

西垣美穂子（明星大学教育学部専任教員）第1章第1節，第2章第3節，第3章第1節

井上宏子（明星大学教育学部特任教員）第1章第3節，第3章第1節トピック⑪⑬，第4章第2節1・2，第5章第2節

■著者（執筆順）

多賀井映美（明星大学教職センター職員）第1章第4節，第3章第1節トピック㉓㉔

藤枝充子（明星大学教育学部専任教員）第2章第1節1・2，第3章第1節トピック⑧⑩，第5章第1節

宮本実里（明星大学教職センター実習指導員）第2章第1節3，第3章第2節

林亜貴（共立女子大学家政学部教員）第2章第1節4，第4章第2節1

小川房子（武蔵野大学教育学部専任教員）第2章第2節，第3章第1節トピック⑤⑦⑨，第4章第1節，第4章第2節1④

山下晶子（フェシリアこども短期大学専任教員）第2章第4節，第3章第1節トピック①②，第4章第2節1①

松川秀夫（明星大学教育学部専任教員）第2章第5節

北相模美恵子（明星大学教育学部特任教員）第3章第1節トピック③④，第4章第2節1②

内田裕子（明星大学教育学部特任教員）第3章第1節トピック⑥

井口眞美（実践女子大学生活科学部専任教員）第3章第1節トピック⑫⑭，第4章第2節1⑤

奥田晃久（明星大学教育学部特任教員）第3章第1節トピック⑯⑰⑱

佐々木沙和子（帝京大学教育学部教員）第3章第1節トピック⑲⑳

松井いずみ（明星大学教育学部特任教員）第4章第2節1③

上出香波（明星大学教育学部特任教員）第4章第2節1⑥

小川貴代子（竹早学園竹早教員保育士養成所専任教員）
楽しむ教材1 折り紙—しゅりけん、楽しむ教材2 折り紙—さいふその1、楽しむ教材3 折り紙—さいふその2、楽しむ教材4 折り紙—カラス

渥美知子（日野市立第七幼稚園教諭）
楽しむ教材5 パネルや大型紙芝居を置く台を手作りしよう

江藤愛（日野市立第七幼稚園園長）
楽しむ教材6 指人形を作ってみよう

榎本恭子（日野市健康福祉部発達・教育支援課通園係係長）
楽しむ教材7 手作りカードで遊ぼう

■絵 小川貴代子、宮本実里、林亜貴
■資料協力 日野市立幼稚園

これ一冊で安心　実習ガイドブック
―保育所実習・施設実習・幼稚園実習・介護等体験に役立つ―

2020年10月14日　初版 1 刷　発行
2022年 3 月30日　初版 2 刷　発行
2024年11月14日　初版 3 刷　発行

編著者　齋藤政子・石田健太郎・
　　　　西垣美穂子・井上宏子
発行者　伊集院郁夫

発行所　㈱新読書社
〒113-0033　東京都文京区本郷5-30-20
電 話 03(3814)6791
FAX 03(3814)3097
e-mail：info@shindokusho.jp
URL：http://shindokusho.jp/

印刷・製本　㈱Sun Fuerza　ISBN978-4-7880-2301-7

● 新読書社の本（価格表示は税別）

昭和戦中期の保育問題研究会 〜保育者と研究者の共同研究の軌跡
松本園子著　二〇〇四年度日本保育学会文献賞受賞
　　　　　　二〇〇五年度日本幼児教育学会「庄司雅子」賞受賞
A5判上製　七六〇頁　本体九二〇〇円

手技の歴史 〜フレーベルの「恩物」と「作業」の受容とその後の理論的、実践的展開
清原みさ子著　二〇一五年度日本保育学会文献賞受賞
A5判上製　四八六頁　本体七〇〇〇円

日本における保育園の誕生 〜子どもたちの貧困に挑んだ人びと
宍戸健夫著　二〇一六年度日本保育学会文献賞受賞
A5判並製　三七八頁　本体三二〇〇円

日本における保育カリキュラムと歴史と課題
宍戸健夫著
A5判並製　三〇二頁　本体二七〇〇円

新版　根を育てる思想 〜子どもが人間として生きゆくために
久保田浩著　幼年教育研究所編集協力
A5判並製　二八〇頁　本体一八〇〇円

保育のロマン街道
荒井洌著
新書判上製　二五三頁　本体一二〇〇円

1948年・文部省『保育要領—幼児教育の手びき—』を読む
荒井洌著
A5判並製　一一四頁　本体一六〇〇円